# 幻の講話

第二巻

自分を育てるものは自分

森信三

致知出版社

# はしがき

一、この叢書は、もともと一貫した精神によってつらぬかれているゆえ、根本的な調子は、ほぼ似通っているといえましょう。

二、しかしながら、その間、おのずから、巻を追って程度が少しずつ高まるように工夫したつもりです。

三、この第二巻は一応中学の二・三年生を対象にしたつもりですが、どなたがお読み下さっても結構です。

目次

# 第一講——道　縁

道服すがたの名児耶先生が、校長先生の案内でご入場になった。やがて、校長先生とご一しょに壇上にのぼられると、校長先生のご紹介があり、つづいて名児耶先生は、一礼の後、「道縁」というテーマをお書きになってから、次のような詩を書かれた。

二度とない人生だから　　坂村　真民

二度とない人生だから
一輪の花にも
無限の愛を
そそいでゆこう
一羽の鳥の声にも
無心の耳を
かたむけてゆこう

二度とない人生だから
つゆぐさのつゆにも
めぐりあいのふしぎを思い
足をとどめてみつめてゆこう

二度とない人生だから
のぼる日　しずむ日
まるい月　かけてゆく月
四季それぞれの
星の光にふれて
わがこころを
あらいきよめてゆこう

ここにかかげた詩の作者の坂村真民という人は、現在の日本では、わたくしが一ばん親しく、かつ敬愛している詩人であります。一生、地方の高等学校の教師をしながら、詩をつくっていられたのですが、六十歳近くなるまでは、ごく一部の人びとにしか知られなかったのです。ところが、六十歳になられたころ、先師のおすすめで「自選坂村真民詩集」というのを出されたところ、一躍して全国の心ある人々に認められ、発行後数年にしかならないころ、すでに一万部を越えたようですが、実に大したことです。こうしたことは、明治以後のわが国の詩壇においても、まったく前例のないことといってよいでしょう。

そこでわたくしは、今日からはじめて、今後約半年の間、この人の詩を皆さん方にご紹介したいと考えているしだいであります。

さて、ただ今校長先生からご紹介のありましたように、これから一年間――もしわたくしの生命の上に重大な変化のないかぎり――皆さん方にお話をすることになったのであります。ところで、この点についてわたくしの真っ先に感じますのは、この世における「因縁」というものの不思議さであります。もっとも「因縁」というコトバは、もともと仏教からきたコトバですから、わかい皆さん方には、わたくしなどほどには、実感が少ないかとも思われます。しかし人から「因縁とは一たいどういう意味か」と尋ねられたら、ハッキリ答えることはむずかしいともいえましょうが、しかしこのコトバの持っている一おうの気持ちだけは、われわれ日本人である以上、多少とも分らぬ人はないともいえましょう。すなわち、この因縁というコトバは、それほどわれわれ日本人には、ふかく染みついたコトバと申してよいでしょう。

そこで、今かりにひと言でいうとしたら、「因縁」とは一たいどういうことといったら良いでしょうか。その点についてわたくしは、因縁とは結局「人と人との関係」、またはそのつながり合いと考えるのでありまして、これほど簡単で、しかも分りやすい説明はなかろうと思うのであります。実さい人びとが、この「因縁」というコトバを使うばあいには、多くは意識無意識のうちに、ただ今わたくしの申したような意味で、使っているようであります。もっとも時には、「わたしは小さい頃、父が〇〇県に勤めていたので、その因縁で、あの地方には今でも愛着の念があります」などという場合には、一対一の人間関係というのではなくて、広くその地方とか風土などをさして言っているわけでしょう。しかしそうはいっても、その中心にはやはりその地で知り合った若干の人間関係が、おのずとその中心をなしていると考えてよかろうと思います。

そこで、この際忘れぬうちに一言申して置きたいと思います。それは「人間というものは、自分がこれまで出逢った人々との因縁を重んじないと、いっかどの人間にはなれない」ということであります。つまり言いかえますと、「自分をめぐる因縁の深い人々と、いつまでも交わりをつづけるようでなければ、大した生き方はできない」ということであります。では、それは何ゆえかと申しますと、人間というものは、どんなえらい人でも自分一人だけでは、何事もできぬということであります。つまりわれわれ人間は、一人相撲は取れないのでありまして、どんな事をするにしても、結局は色々な人の助けを借りなければならぬということであります。

もっとも、このように申しますと、人によっては「しかし作家などというものは、もっぱら自分という一人の人間の内面的な世界に沈潜して、それを表現するものではないか」といわれる人もないではないでしょう。たしかにそれは一おうそうだとわたくしも思いますが、しかしそういう作家でさえ、その作品の中に出てくる人物は、かつて自分が知った色々な人々の変形であり、したがって人間関係というものが全然なくては、小説などというものも、とうてい書けないのであります。

ところで、最初にごあいさつを申すつもりでしたのに、最初から妙な方向へ脱線したようですが、しかしわたくしとしては、これを必ずしも脱線とは考えないのであります。そこで脱線ついでに、最初にひとつお断わり申しておきますが、この一年間わたくしのお話は、ずいぶん脱線するんだろうと思います。校長先生のおコトバによれば、人間の生き方、つまり「人生論」に関する話をしてほしいというお考えのようですし、またわたくしとしても、それは結構なことだと思って、お引き受けしたのであります。しかし人生論などといってみても、結局は皆さん方一人びとりが、今後一人の人間として生きてゆく上に、多少ともご参考になるようなことをお話するんでなければ、意味はないと思うのです。ところが、われわれ人間のたどる人生の内容というものは、いわゆる千差万別でありまして、げんみつには一人びとりみな違うのであります。つまり普通に書物に書かれているような、いわばわくにはまった骨格ばかりを並べたようなものではないのであります。そこでわたくしのこれからお話することも、できれば肉つきの骨、さらには「肉の中に骨がかくされている」とでも言ったものになったらと、考えているしだいであります。したがって「脱線」とは、つまりは生きた「肉」ということですから、脱線を恐れていたんでは、生きた話にはならないわけであります。いわんや面白い話などにはなりっこないわけですから、この点については、ひとつ最初にご了解をいただきたいと思うしだいです。

さて以上「因縁」ということから、色々「脱線」することになったわけですが、ではどうして最初に「道縁」というような、一見古めかしいテーマを掲げたかと申しますと、それはわたくしのような人間が、どうしてこれから一年間も、皆さん方にお話することになったかという事情を、最初に一おう申し上げておく必要があろうと考えるからであります。それと申すのも、今日わたくしがこの壇上に立つまでは、皆さん方はもとより、先生方の中にも、わたくしという人間について知っていられた方は、おそらく一人もなかったことでしょう。そしてそれもムリからぬことでありまして、現在までの処、わたくしにはまだ一冊の著書もありませんし、またテレビはもちろん、ラジオなどで話をしたということなども、一度もないのであります。

ではそうしたわたくしが、一体どうして今日から皆さん方にお話することになったかと申しますと、それはわたくしが、ある事からして御校の校長先生と、お知り合いになったからであります。ではその「ある事」とは一たいどういうことかと申しますと、それは校長先生が、今は亡きわたくしの恩師有間香玄幽先生という方を、人づてに耳にせられて、ひそかに尊敬していられたことが分ったからでありす。今は亡きこの有間香玄幽先生という方は、ひじょうに卓《すぐ》れた方でありましたが、しかし生前はもとより、亡くなられた現在でも、まだその真のお偉らさは、十分には世間の人びとには、知られていないのであります。しかるにそうした方のお偉らさを、御校の校長先生がご存じで、ひそかに尊敬していられるということが分って、実はわたくし驚いたのであります。

この有間香玄幽先生という方は、戦前には東大の助教授として、哲学を教えていられた方ですが、日本の敗戦と同時に、その責任をお感じになられると共に、他面真の学問というものは、東大というような特権的な地位による書斎的な学問だけでは、真に民衆の心の底ふかく滲透して、それらの人びとを動かすような、真の力をもった学問はできないと悟られ、敗戦と同時に職を投げ打たれて、それから先生の全国行脚の旅が始まったのであります。そして自来満七年の歳月を、先生はそれこそ縁を求めて全国の農山村から、さらに津々浦々までも経《へ》めぐられたのであります。

ところが、そうした全国行脚の旅を、満七年ほどつづけられたあげく、先生の到達せられたのは「なるほどそれによって日本の国土と、その上に生活している一般の人びとの相《すがた》はひとわたり分ったが、しかしそれだけでは、真に自分自身というものの根本は、まだ分ったとはいえない」というわけで、それからさらに七年の間、先生の徹底した隠遁《いんとん》生活が始まったのであります。ところで、この有間香先生が隠棲せられたのは、比叡山の谷深いところにある洞窟でありまして、お弟子のだれ一人として、そこを訪ねた者のなかったことによっても、先生の隠遁生活がいかに徹底したものだったかが、お分りになりましょう。しかし幸いにして「隠者の幻」という書物がありまして、それによって先生の隠遁生活のあらましはうかがえるのであります。ついでながらこの本は、御校の図書館にもあるようですから、関心をお持ちの方は読んで見られたらどうかと思います。

ところが、そのような徹底した隠遁生活をなされること七年にして、最後に先生の到達せられたのは、

「われわれ人間は、この肉の躰をもっているかぎり、真に名利の念を断ち切ることは不可能だ」ということだったのであります。同時に、この点まで到達せられた先生は、もともと隠遁ということ自身は、人間の真の生き方ではないということは、はじめから知っていられたのですから、再び起って社会のために一身を捧げる生活に入ろうとせられたわけですが、悲しいかな先生の肉体は、そのころすでに不治の病に犯されて、再び起つ能わざることを知られるや、先生は決然として深山に行方をくらまされ、その消息を断たれたのであります。

では、そのような先生を、どうしてわたくしが知るようになったかと、皆さん方はさぞかし不思議にお思いでしょうが、その点については、前掲の「隠者の幻」という書物の中に記されてありますので、ここには省《はぶ》くことにいたしますが、とにかくわたくしの人生は、この一人の先師に出逢ったことによって、初めて人生の真実の一道に立たされたのでありまして、もしわたくしが、先師とめぐり逢わなかったとしたら、今ごろどのような人間になっていたろうかと思いますと、まったく心の底から慄然《りつぜん》とせざるを得ないのであります。同時に、このような「生命と生命」との深いつながりは、単に「因縁」という程度のコトバでは足りないのでありまして、それは古来「道縁」というコトバで表現せられているのであります。

随って、今わたくしと御校の校長先生との関係も、たんに「因縁」というだけでは不十分でありまして、やはり「道縁」というべきでありましょう。同時に、今日わたくしとして、あなた方に対していだく最大の関心は、この二百人以上もいられる皆さん方との間に、将来道縁の結ばれる人が、はたしてどれほど出来るだろうかということであります。それがもし「因縁」という程度でしたら、ある意味では皆さんたち全部の方と、今日から始まるわけであります。そして中には、「名児耶という奴は、何という妙な変わった奴なんだろう。だが、あの男のお陰《かげ》で、オレはオレの道を行かねばならぬという決心がついた」という人も、これほどたくさんの人数がいたら、二人や三人くらいは出るかも知れないと思います。こういう因縁関係は、むかしから「道縁」という名で呼ばれていて、やはりあるのであります。そしてそのほうが、いつまでもダラダラして、いわゆる「沈香《ちんこう》も焚《た》かず屁《へ》もひらぬ」というのと比べて、どれほど良いかわかりません。何となれば、そういう「道縁」の人が出ることによって、ひとりその人自身がシャンとして、自分の道を歩くようになるばかりでなく、当のわたくし自身も、それによって色々と深く教えられることになるからであります。

では、本日はいわば開講のごあいさつとして、以上をもって了《おわ》ることにいたします。

（先生、一礼の後、きれいに黒板の文字を消され、静かに壇を下りられて、校長先生と共に退場せられた。）

# 第二講——人生の師

今日も名児耶先生は、校長先生の案内でご入室になり、やがておもむろに壇上に上がられる。そして一礼の後、今日のテーマを板書されてから、次のような詩を書かれた。

リンリン　　坂村　真民

燐火のように
リンリンと
燃えていなければならない
鈴虫のように
リンリンと
訴《うった》えていなければならない
禅僧のように
リンリンと
鍛《きた》えていなければならない
梅花のように
リンリンと
冴《さ》えていなければならない

いかがです。大へんリッパな詩でしょう。そして、このように声を出して読むと、一そうその良さが分りましょう。ですから心ある方は、なるべく暗記して、時々口ずさんでみられるがよいと思います。そうすると、皆さん方の精神も、おのずからリンリンと冴《さ》えて来ましょう。

とにかく詩というものは、じつに不思議な力をもっているものだということが、この詩ひとつによってもお分りでしょう。むかしの人は、コトバというものは「言霊《ことだま》」ともいって、一つ一つのコトバに、魂《たましい》が宿っていると考えたようですが、現在でも詩人と呼ばれるような人は、コトバのもっているそうした力を、最高度に生かす特殊な能力を、「天」から授かっているんだと言ってもよいでしょう。

さて前の週には、「開講のごあいさつ」という意味で、一たいどういう因縁でわたくしのような人間が、一年間も皆さん方にお話するようになったかという事情について、お話申したのであります。そしてそれは必然に、今は亡きわたくしの恩師の有間香玄幽先生のことにも言及したわけであります。そしてその際にも申したかと思いますが、わたくしという人間が、もしその青年時代に、この有間香先生にお逢いしていなかったとしたら、とうてい今日のわたくしはあり得なかったと思うのであります。

もっとも、「とうてい今日のわたくしはあり得なかったことでしょう」などと申しますと、現在のわたくしが、いっかどの人間にでもなっているように聞こえるかも知れませんが、実はそれとはまったく正反対なのであります。と申しますのも、もしわたくしが先師に接していなかったら、わたくしは多分世間的には、現在よりは多少ましな生活をしていたかとも思われます。少なくとも現在のように、浪々《ろうろう》として定職のないくらしではなかったろうと思います。しかしながら、わたくし自身としては、現在のような生活によって、はじめて人間として、いささか生きがいを感じているのでありまして、これひとえにわたくしが、その人生のスタートにおいて、先師有間香玄幽先生という方に接して、じかにそのご指導を頂いたからであります。

実を申しますと、その頃わたくしは、まだ京都大学の哲学科で大学院の学生だったのであります。そしてそこでは、民族を代表する独創的な哲学者といわれていた、有名なN先生のご講義を拝聴していたのであります。もっとも、このように申しますと皆さん方は、どうして哲学などという、まるで霞を吸うような学問をする気になったのかと、不思議に思われる方もおありでしょう。しかしその点についてはわたくしも、一おう自分なりに世界観・人生観が得たかったからであります。そこで、さらに一歩を進めて、では何ゆえわたくしは、そうした世界観だの人生観だのというものが欲しいと思ったのでしょうか。

その点について申したいのは、結局わたくし自身が、この二度とない人生を真剣に生きたいと考えたからであります。そして人生を真実に生きるためには、どうしても一おう自分の人生観というものが確立していなければならぬが、しかもそのためには、さらにその根底というか、その背景として、自分なりに世界観というものがなければならぬと考えたからであります。それというのも、ご承知のようにわれわれ人間は、この無限の大宇宙の中の一つの極微存在として、ここにこの地上の「生」を与えられたわけですから、真の人生観というものは、どうしてもその根底に、正しい世界観というものが予想せられねばならぬからであります。

そういうわけでわたくしは、今にして考えれば、まったく柄にもないことともいえましょうが、とにかく自分の人生観を確立したいという希《ねが》いをもって、京都大学の哲学科に入ったのであります。しかるにそのころの京都大学の哲学科には、N博士という非常にすぐれた独創的な哲学者がいられて、全国の各大学のうちでも、類例のないほどの高い格式を保っていたのであります。そしてそのために、旧制の第一高等学校の出身者でありながら、わざわざ京都大学の哲学科を志願してやってくる学生もあったほどであります。

ところがわたくしは、そのような有名なN博士の哲学の講義を、大学院の五年を合せますと、前後八年もお聴きしたのであります。ところが、その間わたくしは、われわれ人間というものは、一たいどう生きたら良いかということは、ついに一度もお聴きしたことが無かったのであります。こう申すと皆さん方は、いかにも不思議にお思いでしょうが、それはＮ博士の哲学上の主要な関心事は、当時認識論に向けられていたからであります。ここで認識論といっても、皆さん方にはお分りにくいことでしょうが、それは哲学上の一つの部門でありまして、専門的な哲学においては、重要な一部門ではありますが、しかしそこからは、直接人生の意義とか、ないし人間の生き方などという問題は、出てこないのであります。

この点については、一つの興味ある話があります。それは皆さん方の中にも、「愛と認識との出発」という書物によって、その名をご存じの方もあろうかと思いますが、作家の「倉田百三」という人がＮ博士を訪ねて、「先生ひとつ恋愛の哲学的意義についてお伺いしたいのですが――」とお尋ねしたところ、Ｎ博士はそれに対して、「近ごろの哲学はそういうことは問題としていないのだ」と答えられたということであります。ここでＮ博士が「近ごろの哲学は――」といわれたのは、当時のドイツの哲学界では――という意味だったのであります。

この一つのエピソードによってもＮ博士の、哲学的な関心ならびに努力というものが、西洋でもとくにドイツ哲学の方法を用いて、どうしたら東洋の哲学思想を、理論的に展開することができるかという点に、その主な関心事があったことが伺えるわけであります。ですからＮ博士には、その後何冊かの随筆集も出ていますが、しかしそこにも、「恋愛」に対する哲学的な考察などというものはその片鱗さえ見られないどころか、普通には哲学という以上、誰にもすぐに心に浮かぶ「死」の問題さえ、数多いその哲学論文集の中にも、その位置づけは見られないのであります。

こうした事情のために、人生の意義について教わりたいと思って哲学科に入り、大学院を合せて八年もの間、N博士のご講義をお聴きしたわけですが、人生の意義については、ついに一語もお聞きできなかったわたくしは、ここで初めて人生の意義というものは、結局人から聞いたり教えられたりするものではなくて、いかに貧しくとも、とにかく自分の躰をしぼって、自分自身でつかまえなければならぬ——ということが、しだいに分りかけたのであります。つまりわたくし自身、こうした考えになれたというのも、消極的な意味では、やはりN博士のお陰といってよいかとも思うのであります。

ところで、わたくしが有間香玄幽先生にお目に掛ったのは、実はわたくし自身が、上に申したような一種の精神的な転換期にさしかかっていた時期だったのであります。もしそうでなかったら、たとえ先師のような卓越した方にお目に掛ったとしても、おそらくわたくしの「心の眼」は開けなかったに相違ありません。実さい、この世においては「時期」というものがあり、「汐時《しおどき》」というものがあるのでありまして、もしそうした「汐時」が多少でもずれたとしたら、それが早きに過ぎても、遅きに過ぎても、結局はダメなのであります。そしてこの点をさらにきびしく申しますと、結局は「機」ということが問題になるのであります。

ところが、このように「機」ということを問題としますと、ひとり「汐時」というような問題だけでなく、さらに「人間類型」と申しましょうか、人間の性格上の「型」というものが問題となるのでありまして、それを上に申したN博士について申しますと、わたくしはN博士からは、「人間の生き方」という点については、上に申すように八年も聴講しても、ついに一語も聞くことはできませんでしたが、そのかわりに、「学者としての生き方」という点では、実に骨髄に徹して教わったのであります。そしてそれは、勿論コトバなどによってではなくて、博士ご自身の「学者としての生き方」そのものによって、教えられたわけでありまして、そういう点からは、N博士もまたわたくしにとっては、「終生の師」の一人と申してよいのであります。

では、それに対してわたくしにとって、「人生の師」ともいうべき先師は、一体どういう方だったかということを、皆さん方は知りたいとお思いになられるでしょう。しかしその点については、わたくしはコトバによって、先師のお人柄についてお伝えすることの出来ないのが残念であります。なるほど先師のたどられた人生のアウトラインについては、すでに前回そのあらましについては申したわけですが、しかしあれだけでは、文字通り先師の真面目の九牛の一毛すらお伝えできたとは申せないのでありまして、それ以上のことは、結局あの際にも申したように、「隠者の幻」という書物によってごらん頂きたいと思います。

しかしこう言っただけでは、あまりに取りつく島のないような話ですから、わたくしが初めて先師にお目に掛ったさいに、お聞きしたことを一つだけ申しますと、先師はわたくしに対して、

「名児耶さん‼学者という人たちは、学問というものを大したことだと考えている人が多いようですが、しかし神の眼から見ますと、学者も無学の人も、まったく同じことなんですよ。それどころ

か、神は無学の人よりも、むしろ学者の方をより憐れと思われることでしょう。それというのも、学者というものは、知識に対する〝業〟が深いために、それを果たさねばならぬわけで、学問というものは、いわばそのような〝知の業〟を果たしたぬけ殻みたいなものといってよいでしょう」と。

そのころ、哲学を以って人間の最高の営みでであるかに考えていたわたくしの迷いは、初めて先師にお目に掛って、この最初の一言によって、まるで虹のように消えていったのであります。

実はわたくしは現在、われわれ人間というものは、「師」を持たなければならぬ、そして、もしそれが終生をつらぬく「人生の師」であったら、それはこの世における最上のしあわせだということをお話するつもりでしたが、しかしそういう筋道だった話よりも、むしろ今日申したような、わたくし自身の出逢った、如実の師についてお話し申すほうが、かえって良かったのではないかと考えるのであります。

（先生、感慨深そうに話を了えられ、静かに一礼の後、黒板の文字をきれいに消されて降壇。校長先生とごいっしょに退場された。）

# 第三講——生きることの探究

今日も名児耶先生は、校長先生のご案内で講堂へお入りになられたが、回を重ねると共に、先生と道服とがしっくりして感じられるようになった。例により一礼されると、今日のテーマを書かれると、次の詩をお書きになった。

主人貧しきも

主人貧しきも
鶯来鳴き
春の戸ひらく
主人貧しきも
月照り
ひかり堂に満つ
主人貧しきも
石笛吹けば
天女舞う
主人貧しきも
タンポポ咲いて
種子四方に飛ぶ

坂村　真民

坂村さんは、戦前は朝鮮で先生をしていられたのです。そして敗戦によって食糧難の祖国へ引きあげてこられて、四国の片田舎で苦難の日々を送られたようですが、そうした中からも、つねに詩作にはげんで、毎年一冊ずつ詩集を出して、ごく少数の知己の範囲に頒って来られたのです。

そしてこの詩は、その処女作の「六魚庵天国」の中に入っている詩ですが、そのころの坂村さんの生活や心境のうかがえる点からして、ここに掲げてみたしだいです。

清貧というコトバが、如何にもピッタリとよくあてはまる詩でしょう。しかし坂村さんの今日あるのは、ひとえに、当時このような極貧に近い生活にもかかわらず、詩を自分の「天職」と心得て、それに没頭してこられたからであります。つまり、坂村さんが今日、一部の人々から「国民詩人」と呼ばれるようになった土台は、いわば、この時期に築かれたといってよいでしょう。
現在、坂村さんは、ご自分のお住いを「タンポポ堂」と名づけていられますが、そうしたタンポポへのふかい愛情も、すでにこのころ兆《きざ》していたといえそうですね。

さて前の週には、おたがい人間というものは、人生を真実に生きようとしたら、どうしても「師」を持たねばならぬ――ということをお話するつもりでしたが、わたくしの学問上の師としてのN博士と、「人生の師」としての先師有間香玄幽先生のお話をしているうちに、いつしか時間がたって了いました。では、われわれ人間が、この二度とない人生を真実に生きようとしたら、なぜ師を持たねばならぬのでしょうか。それについては、現代のような時代には、そういう考えは、どうも当てはまらない旧《ふる》い考えだと思われる人があるかとも思います。それは社会が急激に変化して、そのうえに、自我が拡大せられつつあるのが現代の特徴だからであります。しかしわたくしには、どうもそうは思われないのでありまして、それどころか、むしろ現代のような時代にこそ、この真理は一そう深く当てはまるのではないかと思うのであります。

では、それは一たい何故でしょうか。それは一言で申したら、われわれ人間は「真理」というものを、単に書物の上で読んだだけでは、観念的にしか捕えることができないからであります。かりに真理を人から直接聞いたという場合でも、もしそれを語る人が、その真理を生み出した当の本人でない場合には、これまた単なる観念としてしか、受け取ることはできないのであります。言い換えますと、真に生きた真理というものは、これを生み出した人自身によって語られ、さらにはその人がその体を通して実践されるのを眼のあたりに見るのでなければ、真実の趣は分り難いのであります。かくして、わたくしどもにとっては、真理というものは「師」を通して、初めてわれわれに分るのであります。

ですから「師」の必要を認めない人は、結局傲慢《ごうまん》な人といってよいでしょう。随ってまたそういう人は、その傲慢さのゆえに、終生ついにまことの真理から拒《こば》まれるという報《むく》いを受けるわけであります。これに反して、もし真実の真理というものが、たんに書物を読む程度のことで把握できるとしたら、世の中にこれほど楽で手軽なことはないわけですが、本当の真理というものは、そういう手軽なやり方では得られないのであります。否、まことの真理というものは、威力をもった厳粛極まりないものなのであります。またそうであればこそ、むかしから多くの卓れた人々が、その生涯を賭《か》けて追求して来たのであります。（先生ここで次のコトバを板書される）

「朝に道を聞かば夕に死すとも可なり」

これは皆さんの中にも、すでにご存じの人が多いかと思いますが、中国の哲人の孔子のいわれたコトバであります。皆さん‼皆さんには、この孔子のコトバのもつ厳しさが、お分りになりますか。もしそれが分らないようでしたら、皆さん方はどんなに卓れた書物を読んだとしても、その書物の中に秘められている生きた真理を、わが物とすることはできないでしょう。何となれば、そこには生きた真理というものは、単に己れを空《むな》しゅうして受けとらねばならぬという程度の生温《ぬる》さではなくて、実に己が全生命を賭けるのでなくては、把握できないという絶大な真理が語られているからであります。つまり孔子のこのコトバは、手っ取り早く申せば、まことの真理というものは、命と取り換えでなければ得られないものだ――ということであります。

では、何故わたくしは皆さん方に対して、このようなことを申すかというに、皆さん方がこれまで学んでこられたものは、そのほとんどが知識というものでしょうが、知識というものは、いわば部分的な知であって、われわれが人間として生きてゆく上には、単なる材料としてしか役立たないのであります。それは喩《たと》えて申しますと、一軒の家を建てる場合に必要なレンガとか、瓦とかクギとか板とか柱などのようなものでありまして、なるほどそれらのどれ一つも不用な物はないわけですが、しかしそのような材料が、たとえ山のように積まれていても、それだけでは不十分であります。即ち一軒の家をつくり上げる為には、単にそれらの材料の一つ一つについて知っているというだけでなくて、それらの一々を、「家」という全体の構造の中における、それぞれの部分として、考えることの出来るような、一つの生きた全体的な知慧が必要なのであります。

ところで、孔子がここで「道」というコトバで表現しているのは、この人生を真実に生きるためには、結局このような天地人生をつらぬいている根本真理を体得しなければならぬのであり、随ってもしそうした天地人生をつらぬく根本真理を身につけることができたら、自分はもう何時死んでもよいという意味であります。まったくこれはどうも大したすごい言葉であります。

ところが、このように申しますと、皆さん方の中には、「しかしせっかくそういう人生の根本真理を知っても、すぐに死んでしまったんでは、何の意味もないではないか」と思う人もないではないでしょう。

そしてそのように言われることにも、一面の真理がないわけではありません。それというのも、むかしから「命あっての物だね」ということわざもあるように、人間も死んでしまったんでは、どうすることも出来ないからであります。

では孔子ともあろう偉人が、一たいどうしてこんなことを言われたのでしょうか。そしてこの点こそわたくしは、実に大事な点だと思うのであります。それというのも、いくら偉大な真理がわかったとしても、死んでしまったんでは何にもならぬ――というくらいなことなら、それこそ誰でも知っていることであります。ところが、それにも拘らず、孔子ほどの偉大な人が、こうした分り切ったことを言われる以上、そこにはわれわれの考えるような平凡でない深い真理が、そこに秘められているに相違ない――と考えてみてこそ、はじめて物事を真剣に考えるという態度であります。言いかえれば、「真理の探求」ということも、実はこういう真剣な態度を離れてはあり得ないわけであります。

では、何ゆえ孔子はこのような、ある意味では分り切ったともいうべきことを言われたのでしょうか。それはわたくしには、孔子のあくことを知らない「真理探求」の態度がそこに窺《うかが》えると思うのであります。すなわち、自分も今日まで人生の真理については、及ばずながら真剣に求めて来たつもりです。しかし命と取り替えてもよいといえるほどの真理には、まだ出逢ってはいない。「真理の探求」などといっても、自分はまだまだ生温《ぬる》いものだった――と述懐されたのではないでしょうか。どうもわたくしには、このようにしか考えられないのであります。

人生の真理に対するこのような厳粛な自己反省の前に、襟《えり》を正すことを知らないような人は、気の毒ながら、この二度とない人生を生きる特権を恵まれていないか、または十分にその特権を生かしていない人であって、実に気の毒な人という他ないのであります。むかしからそういう無自覚な人の一生を、まるでかげろうのような果ない人生だと申していますが、本当にその通りだと思います。

それというのも、このわれわれの人生というものは、実に限りない深さをもったものですが、それ故にこそ、また無自覚のうちに死んでゆく人も少なくないわけであります、つまりわれわれ人間の一生ほど、深く生きる人と、そうでない人との差の甚だしいものはないのであります。

では、何ゆえ人生の真理の深さは、かくも限りないのでしょうか。この点については、わたくしはわれわれ人間がこの地上に生まれ出た根源の力は、結局神にもとづくからだと思うのであります。もし神というコトバでは、皆さん方にしっくりしないようでしたら、「宇宙生命」といってもよければ、また「大自然」といってもよいでしょう。もちろんコトバが違えば、それぞれニュアンスの違いは免れませんが、しかし根本的には同じと考えてよいでしょう。このように、われわれ人間存在の根底が、いわば絶大な宇宙生命だとしたならば、われわれ人間の人生の真理の探求も、ある意味では際限がないわけでありま す。

しかしながら、また他の一面からは、円というものは、その大小は無量でありますが、しかしいかに大きな円でも、またいかに小さな円でも、それが正しい円だったら、円たることに変わりがないように、人生の真理の探求も、もちろん人によって、その深浅の差は無量といえるわけですが、同時に他の一面から考えますと、一人びとりの人が、その人のギリギリのところまで努力したら、それぞれみな神につながるともいえましょう。そして、ここで神につながるというのは、他の言い方をすれば、一人ひとりの人が、それぞれ無限の角度から大宇宙の根源意志につらなって生きているといってもよいかと思います。

いずれにしましても、このわれわれの人生は、二度と再びくり返すことの出来ないものである以上、わたくしたちは、つねに自分の生命が、この地上に生み出された意義を考えて生きねばならぬと思います。そしてこうしたことこそ、即ち人生の意義の探求に他ならぬわけであります。実際われわれ人間は、たれ一人として自分の意志と力によって、この地上に出現したわけではありません。否、われわれをこの地上に生み落としてくれた両親さえも、自分たちの意志によって、われわれをこの地上に生んだわけではありません。すなわちその根底には、わたくしたちの両親も、いかんともすることのできない、絶大な「宇宙意志」に催《もよお》されて、われわれをこの地上に生み出したのであります。したがって、人生の真理と探求とは、いいかえれば、われわれ一人びとりの人間が、それぞれどのように生きることが、われわれをこの地上に出現せしめた、絶大なる「宇宙意志」に添うゆえんかということを、求め求めて止まぬということであります。

そしてわたくしのこの拙い講話も、実は皆さん方のそのような探求に対して、多少なりともご参考になり、示唆《しさ》になったらと、考えてのことであります。

（先生ここで話をおえられ、一礼の後、黒板をきれいに拭いてから壇を下られ、校長先生と共に、おもむろに退場された。）

# 第四講――自分を育てるものは自分

今日も道服姿の名児耶先生は、校長先生のご案内でご入場になられた。そしておもむろに壇上に上がられて、一礼の後、今日のテーマと共に、つぎの詩を書かれた。

ひとりひそかに　　　　坂村　真民
深海の真珠のように
ひとり　ひそかに
じぶんを　つくってゆこう

ごらんのように、この詩はごく短い詩ですが、それだけにかえって、読む人々の心に深く訴えるものを持っているといえましょう。

前回にも申したように坂村さんは、戦後海外からの引き揚げ者の一人であって、四国の片田舎で、極度の食糧難の中で、五人の家族をかかえて、日々を苦しい生活にあえぎつつも、その間自己の天職と考える詩作の途にはげまれたのであります。

しかしながら、そのころ詩人としての坂村さんの本質を知る人は、ほとんど無かったといってもよいでしょう。少なくとも今日坂村さんが一部の人々から「国民詩人」として認められるような日が来ようとは、だれ一人知る人はなかったでしょう。

しかもそうした深い孤独の中にありながら、坂村さんは詩作のあゆみを怠られなかったのであります。そしてこの詩は、ある意味ではそうした坂村さんの心境を表現したものといってもよく、そのために、こんなに短い三行詩でありながら、よく万人の心を打つことができるのでしょう。


先週わたくしは、「人生の真理の探求」という題をかかげて、われわれ人間にとっては、何が一ばん大事だといっても、自分の生き方の探求ほど大事なものはない、ということを申したのですが、実際これほど自明の真理は、他にはないといってよいでしょう。しかしながら、それが大へん困難だということは、これは元来人から教えてもらうわけにはゆきませんし、またどんな書物を読んでも、自分というこの宇宙間に唯一人の人間の生き方について、説明してある書物はないわけであります。そしてかりにあるとしたら、それはその人が、自分のたどった一生の歩みを書き記した「自伝」だけでしょうが、しかしそれはすでに過ぎ去った、自分の生涯の歩みの足跡でしかないわけであります。したがって他の人々から見たら、なるほど色々な示唆は与えられるとしても、当の本人としての、自分自身の今後の歩みについて書かれた書物というものは、絶無といってよいわけです。

そこで唯今も申すように、人生の晩年にあたって、自分が一生歩んできた歩みの跡を書き残すということは、後にくる人々にとっては、ひじょうに良い参考になるわけであります。ですからある意味では、これほど人のためになる書物も少ないともいえるかと思います。したがってそれは、ひじょうな親切心がなくてはやれないことであります。ですから、この際わたくしは、皆さん方に対して、年をとったら――そうですナァ、まず六〇歳から七〇歳くらいの間が適当かと思いますが――どうかひとつ「自伝」を書き残されるようにと、今からおすすめ申すしだいです。

　このように、一人の人間にとって、自分の生きるべき道が、そのまま如実に書かれている書物というものがこの世にない以上、もちろん書物が無用だなどという意味では毛頭ありませんが、しかし書物以上に大事なのは、先に申したように「師」だということがお分りになりましょう。それというのも、書物に書かれた真理を平面的だとすれば、「師」を通して得られる真理は立体的だからであります。否、すべて人生のふかい真理というものは、みな立体的なわけですが――ということは、人生のふかい真理は、一人の生きた人格において初めて生かされているからであります。――しかしそれを文字に書いて書物にしてしまいますと、本来の立体性が失われて、平面的になるのであります。

　ところが「師」というものは、先にも申したように、真理に生きている人、少なくとも真理に生きようと、つねに全力を挙げて努力している人といってよいのであります。同時にそこからして、先にも申すように、われわれにして、もし真摯《しんし》に人生の真理を探求しようとしたら、真理の平面的な投影図の模写を以って、最上などと考えていたら、それこそとんでもない間違いであります。どうしても生きた人格として、全力を挙げて真理に生きようとしている「師」について学ばねばならぬわけであります。

　ではこれに対して、今日わたくしがここに提出した、「自分を育てるものは自分である」という提言は、一たい如何なる意味をもつのでしょうか。もしわれわれが卓《すぐ》れた「師」に就《つ》いたならば、このような提言の必要はないのではないか、あるいはそれは誤りではないかという考えを抱かれる人もありましょう。さらには、もし「自分を育てるものは自分である」というこの提言のほうが真理だとしたら、人は「師」を求め、師について学ばねばならぬということ自身も、誤りではないかという考えも、考えとしては成り立ちうるはずであります。そしてこの点は、われわれ人間が人生の真理を探求する上で、もっとも重大な難問ともいえましょうから、わたくしも以下心して述べるつもりですから、皆さん方もどうぞそのおつもりで、自分というものを空《むな》しゅうして、よく聞いて頂きたいと思います。

さて、この点について述べるにあたり、最初にまず申さねばならぬことは、この「自分を育てるものは結局自分である」というコトバは、実は芦田恵之助《あしだえ》先生という方の残されたおコトバであります。ついでですが、すべて偉大な人というものは、すぐれたコトバを残されるものでありまして、それがその人の肉の体は朽《く》ち果てた後にも、いつまでも残って、心ある人々の心の中に生きるのであります。現に芦田先生のこのおコトバなどもその一つであります。芦田先生という方のお名前については、おそらく皆さん方はご存じないでしょうが、わが国の明治以後の教育者の中では、もっとも卓《すぐ》れた方の一人でありますが、しかもわたくしは不思議なご縁によって、生前とくに親しい間柄だったのであります。

ところで、芦田先生のこの「自分を育てるものは結局自分の他ない」というコトバは、わたくし思うのですが、先生のたどられた恵まれない一生から生まれたおコトバのように思うのであります。それというのも、先生は恵まれないご家庭のために、正規の学校教育としては、わずかに小学校だけといってよいのであります。もっとも後に、三十歳近いお年になられてから、国学院大学に入られたのですが、これも結局経済的な事情のために、わずか一年で退学の余儀なきに到られたのであります。

ですから、先生がその晩年に到達せられたような偉大な思想信念は、先生がほとんど独力によって、生涯かけて学ばれたものでありまして、このように先生の生涯のご経歴をよく存じているわたくしにとっては、先ほど来《らい》の、「自分を育てるものは自分である」というこのおコトバは、心の底から納得《なっとく》できるのであります。すなわち、この一語は、恵まれない苦難に充ちたその生涯をつらぬいて、人生の真理を探求しつづけられた先生の、ご一生の「結晶」だという感じがするのであります。そして先生は、ご自身のこのような確信に立って、小さな小学生たちを教えられる場合にも、つねにこのコトバのタネ蒔きをしていられたのでありまして、現にわたくし自身も、そうしたご授業を幾度か拝見して感動したものであります。

そこで問題は、ではこのような境遇をたどられた先生には、「師」と仰ぐような人は無かったかと申しますと、それはとんでもない間違いなのであります。否、わたくしの直接接した卓れた方々の中でも、芦田先生ほど謙虚に、多くの師に学ばれた方は珍しいと思うのであります。ではそれは何ゆえかと考えてみますと、それはたぶん先生が、先ほども申したように、小学校以外にはいわゆる正規の学校歴というものをお持ちでなかったために、かえって多くの方々を「師」として学ばれたのでありましょう。そして先生は、よく「自分は一生の間に〝七人の師〟に学んだ」とおっしゃられましたが、先生のお人柄から考えて、このおコトバはおそらく事実といってよいかと思われます。そこでこの際、ついでに申しておきたいと思うのは、普通の人は学校で教わった先生以外に、自分から求めて「師」についたという人は、極めて少ないのではないでしょうか。ところが学校で教わった先生というものは、なるほど外形の上からは、たしかに師とはいえましても、真に「心の師」というべき人は少なくて、このことはたとえ大学まで行った人の場合でも、そうだといえましょう。そうしてみますと、芦田先生が小学校しか出ていられないで、一生に「七人の師」を求めて学ばれたということは、ある意味では、大学を出た世間普通の人々よりも、はるかに恵まれた人生行路ともいえましょう、しかしながら、これはいうまでもなく、先生に真摯《しんし》に道を求める心があったればこそであります。

そこで、このように見てきますと、先に問題とした「人生の師」を求めるということと、「自分を育てるものは結局自分の他ない」ということとは、必ずしも矛盾しないということは、現にこの芦田恵之助先生という卓れた方の生き方について考えてみても明らかなわけであります。ではそれは一たい何ゆえかと申しますと、今ひとりの人の「師」を求める態度が真摯で切実だということは、言いかえれば、その人に「自分を育てるものは結局自分である」という真理が深く会得《えとく》せられているからだといえましょう。そして芦田恵之助先生のごときは、その典型的な方の一人といってよいでしょう。

同時に、そこからしてわたくしたちに分ることは、真に「師」に学ぶということは、たんに「師」の**書かれたり言われたりしたコトバを、オーム返しに口まねしたり、あるいは先生の生活態度の一部を**外面的に模倣したりして、あっぱれ自分はもっとも忠実な弟子だなどというようなことで満足していないで、いわばそうした態度の底をふみ抜いて、「自分を育てるものは結局自分以外にはないのだ」という態度を確立しなければならぬのであります。もしそうでなければ、いかに卓れた師といえども、いかんともし難いのであります。

かくして、以上によって明らかになったことは、人生の真理について、身を以って探求しようとする人は、まず自分と縁のある人々の中で、自分がもっとも深く尊敬できると共に、その人間類型の上に、どこか一脈相通じるものを持っている人を「師」として立て、心を空しゅうしてその方に学びながら、しかも反面には、真に自分を育てる者は自分以外にはなく、そうした点からは、いかに卓れた「師」といえども、こちらにそれだけの確乎とした心構えがなければ、いかんともし難いものだという、この人生最深の真理をしっかりと身につけることが大切だと思うのであります。

ですから、この「自分を育てる者は自分以外にはない」という真理は、ある意味では、かなり程度の高い人生の真理だといってもよいわけです。ところが不思議なことには、それが一たん芦田先生の手にかかりますと、幼い小学校の子どもたちでさえ、先生のこのおコトバによって、シャンと背骨を立てて、勉強するようになるのでありまして、こういう処を見ますと、先にも申したことのあるように、真の人生の真理というものは、まったく高低自在、大小自在ともいえるような、驚歎すべきものだとの感を新たにせざるを得ないのであります。

(先生はいかにも感に堪えないというご様子で話を了えられ、しずかに壇を下りて、校長先生とご一しょに退場された。)

# 第五講 —— 家庭というもの

今日も道服姿の名児耶先生は、校長先生のご案内で入場され、やがておもむろにご登壇、一礼の後、今日のテーマを書かれると共に、つぎのような詩をお書きになった。

ねがい　　　　　　坂村　真民

ただ　一つ
花を　咲かせ
そして　終わる
この一年草の
一途《いちず》さに　触れて
生きよう

ここで坂村さんがこの一年草といっていられるのが、どういう植物なのかわたくしには分りかねますが、もちろんサボテンでないことは申すまでもありません。しかしサボテンという植物も、その花は一年に一度しか咲かないとのことです。しかも多くのばあい、たった一日しか開かず、翌日はもうしぼんでしまうということです。

わたくしは、はじめてその話を聞いた時は、ひじょうに感動したですね。一年三六五日という永い月日を、ただ一日のために、営々と人知れず努力するかと思うと、いじらしいとも何とも、言いようのない感じに心打たれたのでした。

今、坂村さんのこの詩も、いわばそれに以通った感動を詠まれたものといってよいでしょう。つまり、そこに坂村さんとしては、自分の生き方の手本というか、ひとつの象徴を見ていられるのでしょう。

さて、先週わたしが皆さん方に申し上げたことは、「自分を育てるものは結局自分の他ない」ということでした。そしてそれは、明治以後の教育者の中で、もっとも卓《すぐ》れた一人といってよい、今は亡き芦田恵之助先生の残されたコトバであって、それは先生が、その永い人生の歩みにおいて、身をもって実証せられた深い真理の一つだということを申したのであります。そこで、このような立場にたってわたくしは、われわれ人間の自己形成の第一の場として、まず「家庭」というものについて考えて見たいと思います。

なるほど考えようによっては、人間形成の「場」などといわないで、如実なる人間形成のプロセスにおける一々の出来事の考察こそ、真に生きた真理を捕える方法だということが分らぬわけではありません。そしてそれは、確かにその通りであります。しかしながら、一人びとりの人間の自己形成の如実なプロセスを吟味するということは、現実にはまことに容易ならぬ至難事であります。何となれば、それは結局一人びとりの人間の生活の歩みの考察という他ないからであります。ところが、そういうことになりますと、結局当の本人自身の自己省察の他ないのであります。そしてこうした点からいえば、たとえば「アミエルの日記」(岩波文庫)などというものは、そうしたものの一つの典型といってよいでしょう。

こういうわけで、人間の自己形成という問題は、その人のたどった心のプロセスという観点から考察することが大切だとは思いますが、しかしここにはさし当たって、そういう自己形成の「場」という問題について考えてみたいと思います。ところで、今そうした観点から考えた場合、その基盤となるものは、結局㈠家庭と㈡学校と㈢社会ないしは世の中という三つの「場」が重大な意義をもつと思うのであります。すなわち人間形成といってみても、その行われる「場」という点から考えますと、大観するとき、結局これらの三つの他にはないわけであります。そこで今日は、そのうち第一の「家庭」というものについて考えてみることにいたしましょう。

ところで、この「家庭」という問題については、おたがい人間は、みなその中に住んでいるわけですから、かえってそのほんとうの意味は、十分には分りにくいわけであります。もっともそう言えば、学校にしても世の中にしても、われわれ人間としてはその中に置かれているわけですから、その真の意味は十分には分りにくいわけであります。しかしそのうち「学校」だけは卒業ということがありますので、卒業後ふりかえってみますと、学校というものの意味については、ある程度分らぬわけではありません。しかしながら他の二つ、すなわち家庭と世の中については、学校のように「卒業」ということがありませんので、それの持っている深い意味は、なかなか分りにくいのであります。

さて、最初の「家庭」という問題ですが、これがわれわれ自身の「人間形成」の上に果たす役割りが、いかに重大かという点は、おたがいに子どもの間は、ほとんど気づかぬといってよいでしょう。つまりそれほど深くかつ大きいのであります。ではどうしてそうかと申しますと、おたがい人間というものは、この世に生まれ落ちるやいなや、すでに父母を中心とする「家庭」の中に置かれているわけであります。しかも赤ん坊の間は、自分というものが全然分りませんが、やがて少しずつ周囲が分り出しますと、それらのすべては「家庭」の中の人や物であります。そしてその中心は申すまでもなく両親であります。もうこれだけの事を考えただけでも、「家庭」というものが、われわれの「人間形成」に対して、いかに根本的な土台となっているかということが、お分りになるはずであります。それは物にたとえますと、ちょうど白紙に絵を描き込んでゆくようなものでありまして、一つの点や一本の線に至るまで、それらのすべては、抜きさしならぬ必然性をもって、一人の人間にとってその人間形成の素材となり、要素となっているわけであります。しかるにわれわれ人間は、平生あまりにも家庭と密着しているために、こうした分り切ったことさえ、ほとんど気づかずにいるほどであります。しかしこの程度のことを考えてみただけでも、われわれ人間の自己形成に対して、家庭というものが、いかに絶大な影響力を持つかということがお分りになりましょう。

戦前には、田舎などでリッパな家庭の中には、時には「家憲」というものがあったものであります。この「家憲」というのは、いわばその「家の憲法」というわけでありまして、代々その家の人々の守らねばならぬ根本的なきまりを書き記したものであります。たとえば㈠ぜいたくをするなとか、㈡他人の借金の保証人になるなとか、㈢また政治に関係するなとか、いうような事柄でありまして、由緒ある旧家などには、こうしたもののあった家もあったのであります。大阪の鴻《こう》ノ池とか、庄内の本間などを初めとして、あちこちにあったようですが、戦後の現在では、さすがに時代に合わなくなって、ほとんど無くなったといってよいでしょう。

しかしながら、このような「家憲」を設けていた家は、むかしでもきわめて少ないのでありまして、それこそ一つの県内でも、そう何軒とはなかったでしょう。しかしながら、もし「家風」という程度でしたら、今日の日本でも、多少とも心ある家庭でしたら、けっして少なくはないのであります。したがって戦後混乱したといわれる現在でも、心ある人の家には、何らかの程度において「家風」というものがあるといえましょう。もっとも、この「家風」というものは、これといって眼に見えるものではなくて、いわば香りみたいなものといえましょうが、しかしそれだけに、却ってそれは、その家の人々の心の中に沁み込んで、深い影響力をもっているわけであります。

ですから、この「家風」というものは、言いかえますと、その家の雰囲気とでもいったらよいでしょう。ですから、もしそれが少しも無いとしたら、それは真実の意味では「家庭」とは言えないといってもよいでしょう。それはたとえば、香りのないリンゴのようなもので、それではほんとうのリンゴとはいえないのと同様であります。ところが、色や形ではなく香りのようなものですから、かえって心に沁み込むように、「家風」というものは、これといって取り上げて人に示すことのできないものですが、それだけに、その一家の人々の心に沁みこんで、ふかい影響を与えるわけであります。

そこで問題となるのは、ではどうしたらそうした「家風」というような、リッパな雰囲気をもった家庭をつくることができるかという問題ですが、これは家風とか家庭の雰囲気とかいうものは、これといって人に示しにくいのと同様に、否、それ以上に、これもむずかしい問題だと思うのであります。しかしながら、今しいて申すとすれば、結局それは家庭の構成員、とくにその家の主人夫妻の人柄の問題だといってよいでしょう。すなわち「家風」というものは、その家の主人夫妻の人柄から自然に発散する、人間的な香りとでもいうべきものであるだけに、事は容易でないわけであります。しかしながら、たとえばみだりに大声を出さぬというようなこと一つをとってみましても、そこには深く考えさせられるものがあるのであります。

そこで一つの問題は、「ではそういう家風のあるような家庭では、子どもたちは唯そういう良い雰囲気の沁み込むのにまかせて、何らこれという特別の努力はされていないのか」と申しますと、どうもそうではなくて、そこにはやはりしつけというものが行われているようであります。そしてそうしたしつけとは、すなわち人間として最も基本的な、いわば骨格ともいうべきものであります。したがって、家風をもっているような家では、主人夫妻はわが子に対して、このしつけだけは例外なく、非常に力を入れているのであります。それというのも、しつけとは、それによってわが子を人間としての軌道に乗せる根本的な土台だからであります。

では、そうしたしつけの具体的な内容は何かと申しますと、それは不思議なほど広く共通しているのでありまして、それは㈠まず第一に朝晩のあいさつ、㈡第二には、返事、そして㈢第三はハキモノをそろえるということですが、この第三のしつけは、近ごろイス生活と共に、「席を離れるさいは必ずイスを入れる」という、洋風のしつけともなってきたわけですが、しかしその精神はまったく同性質のものと言ってよいでしょう。そしてそのうち、第一の朝晩のあいさつは、いわば人間関係のスタートであり、第二の返事は、上下関係における責任的自己の確立と申してよく、そして最後のイスとハキモノは、物事の締め括りのしつけでありまして、いわば責任完了の止めの刺せるような人間にする重要なタネ蒔き、という意味をもつわけであります。同時にまた、締め括りという点からは、将来大人になった際の経済的なしまりのタネ蒔きにもなるのであります。

さてわたくしの考えでは、子どもの基本的しつけとしては、以上の三つで良いと考えるのであります。では何ゆえ以上の三つさえ仕込めば、しつけとしては一応完了するかと申しますと、あいさつと返事ができるようになれば、親のいうことの聞ける子どもになるからであります。そしてそれは、この二つをしつけることによって、一おう子どもとしての「我」が除《のぞ》かれるために、親のいうことを素直に聞けるようになるわけであります。つまり親のいうことに対して、その受け入れ態勢が確立するわけであります。したがって、これら以外のことを、一々ここに事細かく列挙する必要はないわけです。そうじて基本的なしつけというものは、種類というか事柄の少ないことが肝要であって、ごく少数のもっとも基本的な事柄を、しかもなるべく小さいうちに——ということは、なるべく小学校に入る前に——始めて、十分に徹底させるということが、しつけの秘訣であります。

ところが、多くの家庭では、しつけの根本は、以上の三カ条でよいということを知らない家が多く、いわんやしつけというものは、小学校の入学前までに、一おう完了しておかねばならぬ、ということを知っている人に至っては、さらにさらに少ないのでありまして、この点が一般にわが子のしつけの不十分な家庭の多い根本原因と思うのであります。

ところで、わたくしは、現在皆さん方に、以上三つのしつけが、はたしてどの程度身についていられるかどうか、よく存じませんが、（一同笑）しかし将来皆さん方のつくられる家庭においては、この三つの基本的なしつけは、必ず小学校入学前にされるようにして頂きたいと思います。しかしそれには、すでに今日から、将来のしつけの責任者たる皆さん方自身が、これを身につけておかなくては、とうてい不可能なことだということを、最後につけ加えて、今日の話を了《おわ》りたいと思います。

（今日は何ゆえか、先生は終始微笑をたたえながらお話になられた。）

# 第六講 —— 学校というところ

名児耶先生、今日も道服姿で、校長先生とご一しょに入室される。そしておもむろに壇にのぼられ、一礼の後、今日のテーマを書かれたのち、次のような詩をお書きになられた。

花はひらけど　　　　坂村　真民

花はひらけど
わが眼ひらかず
わが心ひらかず

罪業の深さよ
視力を失おうとする
眼に映りくる
花の清さよ

坂村さんが、今日に到られたについては、そこには色々な原因がはたらいていることでしょう。それらのうち、わたくしに分っている範囲だけでも、㈠お母さんがおえらかったこと、㈡また、杉村春苔尼という偉《すぐ》れた方を師として持たれたこと、㈢さらに、敗戦による引揚げ者の一人として、つぶさに辛酸をなめられたこと、等々が考えられますが、しかしこれらの他にひとつの大きな原因は、坂村さんは中年のころ眼疾にかかられ、一時は失明の恐れさえあったということであります。そしてこの詩は、いわばそうした消息の窺える詩といえましょう。

実さい、眼病というものは、とくにそれが失明の恐れがあるというに到っては、その深刻さのほどは、直接その経験をした人でなければ、分ろうはずはありません。

それというのも、万一失明ということにでもなりますと、第一教職に留まってはいられなくなります。随って失明は直ちに失職につながるわけであり、そして失業はやがて死につながるわけですから、実に深刻きわまりない出来事といってよいわけです。同時に、この詩の背景となっているこれらの事柄を頭に入れた上で、もう一度この詩を読んでみましょう。（といって、先生沈痛な調子で読まれる）

いかがです。こうして味わってみますと、詩というものが心ある人々にとって、いかに深い力を持っているかということがお分りになりましょう。

さて前の週には、人間形成の「場」として、第一に「家庭」というもののもつ意味についてお話すると共に、しつけのあらましについてお話したのであります。そこで今日は引きつづいて、人間形成の第二の「場」としての「学校」というものについて、考えてみたいと思います。ところが「家庭」というものは、皆さん方にとっては、一ばん密着している場処ですから、その持っている深い意味を考えるということは、なかなか困難だと思いますが、「学校」ということになりますと、その密着度は家庭ほどではありませんので、ある程度これを客観化して考えることができましょう。とくに皆さん方のように、ある程度の年令に達した人の場合には、こういえるんじゃないかと思います。

では、さしあたり学校というものは、われわれ人間の自己形成の「場」として考えたばあい、一たいどのような点にその特徴というか、任務があるのでしょうか。その点について考えるには、第一の家庭というもののもつ役割りが、いわば「生命の温床」ともいうべきものだったのに対して、学校教育というものは、第三の社会とか世の中というものへの、いわば中間にあって、いわば家庭と社会との橋渡し的な役目を持っているともいえましょう。もちろんこうは言っても、それはたんなる橋渡しというだけではなくて、人生における色々と重要な内容を持つ巨大な組織であることは、改めて申すまでもないことであります。

ではそのような意味において、人間形成の「場」としての、この「学校教育」のもつ意味は、一たいどのようなものと考えたらよいでしょうか。この点について考えるにあたり、わたくしは人間形成における三つの「場」としての、「家庭」「学校」「社会」という三つの「場」のもっている役割りを、簡単に一口でいうとしたらどういうことになるでしょう。今人間をかりに知・情・意という三つの面から考えるとすれば、第一の家庭の受けもつ役割りは、何といってもやはり情が中心であって、すなわち人間としての心情を培《つちか》う場処といってよいかと思うのであります。同時に、第三の社会とか世の中というものについては、来週多少立ち入って考えてみたいと思いますが、結局意すなわち人間が意志的に鍛えられる「場」だといってよいでしょう。

そこで、このように考えますと、これら二つの中間に位する学校教育の演ずる役割りは、何といっても知的な面が主となるといえましょう。もちろんこうはいっても、では学校はただ知的な面さえ受けもてば、それでその役割りは済むというようなわけでないことは、申すまでもありません。それは同様にまた、家庭ではただ心情だけ培えばそれですむとか、あるいは社会は、たんに意志的鍛錬の「場」だというだけですむわけのものでないのと同様でありますが、しかし何がその正面に立つかといえば、やはり学校では知の啓培ということが、その主たる役目だといってよいでしょう。そしてそれは、上級の学校に行くほど、そうならざるを得ないのであります。

それというのも、今わが子を全然学校へ行かせなかったとしたら、一たいどういうことになるかと考えてみたら、ただちに分る事柄であります。すなわち、それが普通の家庭でしたら、小学校の六年までの知識を身につけさすことだけでも、父兄にはほとんど不可能といってよいでしょう。それどころか、小学校の四年生程度の学力をつけることさえ、普通には容易なことではないのであります。そしてこのことは、現に世間ふつうの家庭の母親の中には、小学四年程度の教材さえ、教えかねる人の少なくないことによっても分るのであります。いわんや中学や高校、さらには大学などとなったら、これを家庭で教育しうるという人は、まったく絶無といってよいでしょう。ですからこうした点から考えますと、学校というところは、一おう人間として必要な知識は、放っておいても授けてもらえるわけですから、考えてみれば有難いところともいえましょう。

同時に、この際についでに申しますが、以上のようなわけですから、学校の優等生が必ずしも世の中へ出てから優秀だとは限らないわけですが、それは唯今も申すように、学校というところは、これを家庭や社会と比べますと、何といっても知を主とする処だからであります。もちろんこういったからとて、学校教育が単に知育だけでよいというようなわけでは毛頭ないわけで、否、それどころか、以上のような理由によって、学校教育というものは、ともすれば知育偏重の弊に陥りやすいということを、つねづね深く忘れぬことが大切であります。

　ところが、この点について一つの興味ある事柄は、こうした学校教育への不信からして、わが子を学校へやらなかった人が、稀にはあったようで、現にわたくしの知っている範囲でも、二人あるのであります。もっとも、知っているとはいっても、直接によく知っているというわけではありませんが、一人は「江渡《えと》狄嶺《てきれい》」といって、むかし東京帝大の法科に学んだ人ですが、在学中トルストイの思想にふれ、そのためについに大学を中退して、武蔵野の一隅で小作百姓になり、時々縄帯《なわおび》なんかして、東京へも出かけたという人です。そして書物も三冊あって、「ある百姓の家」「土と心を耕しつつ」「地湧のすがた」という三冊ですが、この人は、学校ではほんとうの教育はされないからといって、お嬢さんを自宅で教育して、学校へはついにやられなかったようであります。もう一人は、これも戦前九州帝大の地質学の教授だった河村幹雄博士という方でありまして、この方も学校教育では真の教育はされないからというので、お嬢さんを学校へはやられなかったのであります。

　しかし、その結果がどうだったかということについては、よくは存じませんが、この場合考えられることは、いずれもお嬢さんであって、男のお子さんではなかったという点でありまして、もし息子さんだったら、そうはされなかったんじゃないかと思うのであります。だがそれにしても、一人のお子さんを旧制の高等女学校、すなわち現在の高校程度の教育までも、親ごさん一人の手でされたということは、実さい大へんだったろうと思うのであります。少なくともわたくしなどは、逆立ちしたってとても出来ることではありません。それゆえ、もちろん他人《ひと》様におすすめしようなどとは、絶対に思わないのであります。

では話のついでに、一つの仮定として、ここに一人の金持ちがあって、わが子に徹底した学力をつけるために、幾人かの優秀な家庭教師をやとって、学校へは一切やらぬことにしたいと思うがどうだろう——という相談をうけたとして、その場合わたくしは、一たい何と答えるかと申しますと、「なるほど、それはなかなか面白いお考えだと思いますから、もしあなたがどうしてもなさろうというなら、決してお止めはいたしません。しかしそれがもしわたくしだったら、いかに金があっても、そういうことは恐らくしないでしょう」と答えることでしょう。

では、それは何故かと申しますと、なるほど学校というところは、家庭や社会と比べたら、何といっても人として必要な、一般的な基礎知識を授ける「場」というふうに考えられますが、しかし学校も一種の人間集団である以上、そこでは単に知識だけではなくて、色々と人間としての修練を受ける「場」でもあります。先ほど申した二人の知名な人のお子さんなども、それがお嬢さんだったからこそ、何とかすまされたとしても、もしそれが男のお子さんでしたら、学校へやらずに自宅教育ですますなどということは、到底されなかったろうと思います。またお嬢さんにしても、なるほどある種の点では、学校へ行った場合より、すぐれた教育ができたともいえましょうが、しかし全体的な立場から眺めた場合、はたしてどうであったか。とくに友達づきあいというものが全然ないわけですから、大きくなって結婚されてからの隣づき合いとか、あるいはご主人の同僚などに対しては、はたして十分だったかどうか、大いに疑問なきを得ないのであります。

以上申して来たことによってもお分りのように、学校というところは、家庭や社会では出来ない役割りとして、第一は人間として必要な一般的な基礎知識を身につけさすということの他に、もう一つ友人関係における修練をうけるということ、及び学生時代に大いに体の鍛錬をするという、これら三種の事柄を、その主たる内容とした、一種独得な人間形成の「場」といってよいでしょう。

そのうち、人間として必要な普通の一般的な基礎知識というものは、家庭ではどうしても教えにくいという点については、すでに申した通りですが、この点については、かりに社会へ出てからでも、ほとんど不可能といってよいでしょう。なるほど社会へ出てからも、自分の職業を中心とする専門的な知識や一般的な教養は、大いに努力して身につけねばなりませんが、しかしそれらに先立つ一般的な基礎知識ということになりますと、社会へ出てから身につけるということは、事実上ほとんど不可能といってよいでしょう。なるほど世の中へ出てからも、まじめな人で夜間大学などへ通う人は、少なくないようですが、しかしそこで得られるものは、自分の職業の基礎になる専門的な知識であって、けっして人間として必要な、普通の一般的な基礎知識ではないのであります。

したがって皆さん方が、本校に在学中に教わる事柄は、家庭ではもちろん、世の中へ出てからも、学べない種類の基礎知識が多いのでありまして、そうした意味からして、ひじょうに大事な事柄ばかりですから、全力を傾けてまじめに学ばねばならぬわけであります。つまりそれらの基礎的な知識は、もし学校時代に身につけなければ、生涯その時期のないような知識なのであります。

同様にまた、友人関係というものについても、大たい小・中学校から、せいぜい高校時代に知り合った場合が大方であって、大学時代に生涯変わらぬ友人ができるということは、比較的少ないと言ってよいようです。ですから、もしそうだとすれば、皆さん方は、やはり学科の勉強だけでなくて、クラブ活動などにも大いに参加することが、大へん必要だと思うわけです。ついでですが、大学時代になると、なぜ生涯交わるような友人が、比較的できにくいかと申しますと、㈠それはおたがいに個性がハッキリしてきますから、人間的に融け合うということが次第にむずかしくなるのと、㈡もう一つは、大学時代に知り合うのは、主として同じ専門同士になりがちですから、とかく交友の巾が狭くなりがちだからであります。そしてもう一つ、学校時代に大いに身体の土台をつくることの必要については、いずれ改めてお話する機会があろうかと思いますので、ここでは申しませんが、とにかく学校時代というものは、前にも申すように、人間の一生のうち、二度とない特有な時代ですから、皆さん方もそのつもりで、十分に充実した生活をされるようにと希《こいねが》って止みません。

（今日は春とはいってもまだ仲々冷え、おかげでみんな心が引きしまってお話を聞くことができた。）

# 第七講――世の中へ出て

今日も道服姿の名児耶先生は、校長先生のご案内で入室、そしておもむろに壇上に立たれて、今日のテーマを書かれたのち、次のような詩をお書きになった。

念ずれば花ひらく　　　坂村　真民

念ずれば
花ひらく
苦しいとき
母がいつも口にしていた
このことばを
わたしも　いつのころからか
となえる　ようになった
そうして　そのたびに
わたしの花が　ふしぎと
ひとつ　ひとつ
ひらいて　いった

前回にわたくしは、坂村さんの今日に到られたいくつかの原因のうち、第一にお母さんのおえらさを挙げましたが、じつは坂村さんは、五つの歳にお父さんが亡くなられたのでありまして、それ以後は未亡人のお母さんによって育てられたそうであります。

そういう中で、息子を遠く専門学校へ入れるということは、当時としては比較的珍しい例でしたが、その一つをとって見ても、坂村さんのお母さんという方が、どういう方だったかということが、うかがえるのであります。それというのも、もしお母さんがそれに反対だったら、おそらく現在の坂村さんはあり得なかったろうと思われるからであります。

しかしながら、坂村さんのお母さんのおえらさは、ひとりそれだけではないのであります。そしてその点がハッキリうかがえる点で、この詩のもつ意義は大きいといってよいでしょう。


ここまで申してきますと、もはやこの詩の意味は、皆さん方にもよくお分りで、わたくしのへたな解説など、むしろつけないほうがよいでしょう。

だがそれにしても、「念ずれば花ひらく」とは、何という良いコトバでしょう。それはこの世にあるコトバのうちでもおそらくは最上のコトバの一つといってもよいではないでしょうか。このように考えますと、坂村さんの今日あることも、決して偶然でないといえましょう。


さて、先週と先々週と、二回にわたってわたくしは、われわれの人間形成の「場」として、「家庭」と「学校」とについて、一おうそのあらましについて考えてみたのであります。そこで今日は、もう一つの場である「社会」すなわち世間とか世の中というものについて、考えてみたいと思います。ところで普通に人間形成といえば、大ていの人が学校教育のことだと考えているようですが、わたくしはそれは大へんな誤りだと思うのであります。

それというのも、わたくしの考えでは、われわれ人間の自己形成というものは、生涯を通して行われるわけでありまして、決して教育学者などの考えがちな、学校だけで行われるものではないのであります。否、人間の根本的な性格の土台は、遺伝および幼児の家庭教育のいかんによって、その大部分の基礎が出来るのでありまして、学校教育というものは、残念ながら、その外観の花やかなわりに、はたしてどれほどの力があるといえるか、どうも大した確信が持てないのであります。そして家庭教育につぐものとしては、むしろこれから述べようとする卒業後ひらかれる社会における、そして社会による人間的な鍛錬ではないかとさえ考えられるからであります。

ところで、この際あらかじめ申しておきたいと思うことは、わたくしがこれから述べようとしている処の、われわれ人間が社会に出てから受ける人間形成上の影響というものは、ふつう世間で「社会教育」と呼ばれているものとは、まったく違ったものだといってよいのであります。それというのも、ふつうに世間で「社会教育」という名称で呼ばれているものは、狭義においては公民館とか、公会堂ないしは市民会館などを中心として行われている、講演その他の行事をさしている場合が多く、さらにこれを広義に解すれば、テレビやラジオ、あるいは新聞や雑誌などの影響力をも意味するわけであります。

しかるに、わたくしが㈠家庭教育および㈡学校教育と並んで、第三にあげようとしているこの社会を「場」とする人間形成というのは、そうしたものを言っているのではないのであります。では一体どのようなことをいうかと申しますと、それは人々が学校を卒業して、それぞれ一人の社会人として、一定の職業につくことによって始まるのであって、近ごろはやりの「生涯教育」というのが、ほぼそれに当たるわけであります。それはこの複雑な社会組織の中の一員として組み込まれ、それぞれ責任ある部署につくことによって受ける、種々の人間的な試練や鍛錬をいうわけであります。したがって、それらの色々な試練や鍛錬は、それが人間をきびしく鍛えるという点では、家庭教育や学校教育などの比ではないのであります。

では、このように人が社会の一員となることによって受ける、その人間形成的な鍛錬は、どこに一ばんその特色があるかと申しますと、わたくしの考えでは、何よりもその厳しさにあるといってよかろうと思います。そしてその厳しさというものは、とうてい家庭や学校などでは味わえない種類のものといってよいでしょう。では一歩を進めて、そうした厳しさは、一たい何処からくるかと申しますと、わたくしの考えでは、それは表面的には、一おう「仕事」といってよいでしょうが、しかしそれを内面からいえば、結局「責任」ということになるわけであります。それというのも、家庭というものをとってみますと、家庭における人間関係の根底にあるものは、結局「血」につながる愛情であります。同時に、それ故にこそ人間は、家庭においてその心情が培われるわけであります。ではそれに対して学校はどうかと申しますと、これも一種の愛情の場といってもよいでしょう。すなわち教師と生徒を結んでいるものは、教育愛によってうらづけられた一種の人間関係だからであります。

ところが、一旦学窓を出て実社会の一員となりますと、人と人とを結びつける対人関係のきずなは、一おう仕事といってよいでしょうが、しかし仕事の内面を支えているものは、他ならぬ責任感といってよいでしょう。しかもその責任感の背後というか根底には、経済的なものが横たわっているわけであり、したがって、もしへまな事を仕出かしますと、会社や商店だったら大損害をかけることになるわけですし、かりに官公史の場合にしても、へまなことを致しますと、国民に対して物・心いずれかの面において、重大な損害を与えるわけであります。同時にこうした点からして、社会を「場」として行なわれる人間形成は、家庭や学校のそれと比べて、はるかに厳しいわけであります。

しかしながら、以上は一おうの概観的な考察に過ぎないのでありまして、われわれ人間が学窓を出て、社会の一員となることによって始まる人間形成の真のきびしさは、たんに以上述べたような、仕事の責任上から来るものだけには留まらないのであります。ではそれ以上に、まだどのようなことがあるかと申しますと、そこにはいわゆる「人間関係」というものから来る色々と複雑な問題があるのであります。今さら申すまでもないことながら、人間はとかく「感情の動物」ですから、一たん対人関係においてもつれを生じますと、それを解くのは実に容易ならぬことであって、多くは不可能といってよいほどです。

たとえば、これまでの上役からは、大へん好感をもって見られていたのに、一たん人事の移動によりその人が他へ栄転して、新たな人がその後任として来たというような場合、前任者に受けの良かった人は、多くは逆風に出逢うというのが、世の中の常といってよいのであります。それには色いろその原因はありましょう。たとえば同僚の中で、前の上司にはあまり気に入られなかった人から、色々な情報がこんどの人の耳に入ったり、かりにそれほどではないにしても、人間にはそれぞれ「肌合い」というものがありますから、前の上司に気に入られた人は、一たんその上司が他に転じますと、とかく逆風に見舞われがちなものでありまして、これは大きな立場からながめますと、そこには大いなる「宇宙の大法」が行われているともいえるわけであります。

この際ついでに、もう一つ大事なことを申しておきましょう。それは皆さんは、現在この学校の生徒ですから、上級生は上級生、下級生はあくまで下級生であって、二年も三年も年下の下級生が、とつぜん皆さん方の上にきて、皆さんたちを支配し命令するなどということは、絶対にありえないわけでありますます。ところが、皆さんが一たん学校を出て、実社会の一員となりますと、皆さん方より三つも、否、時には五つ七つも年下の人が、皆さん方の上位について、皆さん方を支配し命令するというようなことは、何ら珍しいことではなく、常に起こりがちな事柄だといってよいでしょう。

そしてそのようなことの起こる原因としては、色々な場合が考えられましょうが、一ばん多いのは、やはり学歴といってよいでしょう。しかし世の中のことは決してそれだけではないのでありまして、同じく大学出身者でありながら、もしその会社がある一つの大学の出身者によって、その幹部が固められているような場合には、世間的には自分のほうが評判の良い大学を出ていながら、結局は栄進が遅れるというようなことは、何ら珍しくないばかりか、ある程度以上のポストになりますと、他校の出身者は、ほとんど幹部の地位にはつけないという場合も、けっして少なくないようであります。それどころか、時としては上役にうまく取り入る人間によって、自分が乗り越えられる場合さえ、決してないとはいえないというのが、世の中の実情といってもよいでしょう。

ところで、以上述べて来たような事柄は、もちろん現在の皆さん方には、何ら関係はないわけですが、それでも皆さん方としては、かなりショックだろうと思います。いわんや妻子をかかえて、その扶養の責任を負うような年頃になりながら、幾たびもそのような、全く「男泣きに泣いても泣き切れない」ほどの、深刻な悩みに出喰わすのが、いわゆる「世の中」というものでありまして、わたくしが先にわれわれ人間は、社会を「場」として行われる人間形成のきびしさによって、深刻な鍛錬をうけると申したゆえんであります。

しかしながら、以上申したのは、単に職業的な面において出逢う鍛錬に過ぎないのでありまして、われわれ人間は、これらの事柄以外にも、さらに家庭的な種々の出来事によって、深刻な試練をうけるのであります。それは、あるいは両親の一方、時には双方に早く死なれるとか、あるいは子を亡くしたり、さらには妻を失ったり、あるいは火災や盗難、その他台風や水害、さらには地震等の天災に見舞われたり、時には自分自身が病気になったり等々、私生活上における苦難の鍛錬も、けっして少なくないのであります。同時に、わたくしの考えでは、これら様々な苦難や不幸は、先に述べた職業を中心として起こる苦悩とくらべて、むしろこのほうが、より深刻な場合が多いのではないかと思うのであります。

さて以上、ごくあらましではありましたが、皆さん方が学窓を出てから出逢うであろうと思われる色々な人生の試練について、その概観を試みたわけですが、ではこれらの試練に対して、一体どのように対処したらよいかというに、それは結局、これらの試練を正しく受け止める他ないと思うのであります。ではここに「正しく」とは一たいどういうことかと申しますと、それはそれらの試練は、結局「天」がこの自分という人間を鍛えるために、与えられたものと考える他ないのであります。同時にこれ以外には、それらの苦難を根本的に生かす道は、おそらくはあるまいと思うのであります。

したがって、以上わたくしの申してきた、社会あるいは世の中を「場」として行われる人間形成は、これを言いかえますと、自分自身による深刻な「自己教育」といってもよいわけであります。ただその場合、「自己教育」とはいっても、それは「どうも自分は人間が少々甘いから、何とかして少し鍛える必要がある」などといって、色々と自分で献立をするような甘いものではなくて、自分としてはいやでたまらず、一刻も早くその苦悩から逃れたいと思っても、どうするわけにもゆかぬというような場合をいうのでありまして、もがきにもがいたあげくのはて、最後に到達するのが、先ほども申すように、結局は「天」がこの自分の人間的な甘さをとり除くために下されたものと考え、じっと腰をすえて、いつまでもそれに耐え抜くという、心の腰をすえる他ないのであります。同時に、このように心の腰がすわりますと、いかに深刻な苦難でも、三年ないし五年、いかに永くても十年の歳月が経過しますと、いつしかそうした苦難も過ぎ去って、過去の夢となるといってよいのでありまして、これわたくしが、第三の社会とか世の中を「場」とする人間形成というものなのであります。

（今日のお話は、われわれとしてはまだ経験しない事柄についてのお話でありながら、何ゆえか心にふかく響くものがあった。）

# 第八講――「血」の問題

今日も道服姿の名児耶先生は、校長先生の案内でご入室になり、やがて壇上に立たれて一礼の後、今日のテーマを書かれたのち、次のような詩を書かれた。

あ　　坂村　真民

一途《いちず》に咲いた　花たちが
大地に　落ちたとき
〃あ〃と　声をたてる
あれを　聞きとめるのだ

つゆぐさの　つゆが
朝日を　うけたとき
〃あ〃と声をあげる
あれを　受けとめるのだ

この詩を読んでみて、皆さん方はどんなにお感じでしょうか。詩ごころのない人は、こういう詩をよんでも、大して感じない人もあろうかと思いますが、しかしそれでは困ると思うのです。

では、この詩はいったいどのように味わったらよいのでしょうか。それには、落ちる時にたてる幽《かす》かな音が、皆さん方の耳に聞こえるかどうか。

さらにまた、露草のつゆが朝日を受けたとき、その時に発する声が、はたして聞こえるかどうか――ということが問題なわけであります。

もちろん、それらの声は、いわゆる物理的の音ではありません。それ故ここにも、音といわないで声とあるわけですが、しかしそうした声が、はたして聞こえるかどうか。声という以上、それは、それぞれのいのちちの立てる声ですから、花やつゆぐさのいのちに共感しうる人でなければ、その声は聞けないわけであります。そして詩人といわれる人々は、いわば、そうした幽かな声の聞こえる人だといってよいでしょう。

さて、わたくしは、これまで三回にわたって、われわれの人間形成の「場」として、㈠家庭と㈡学校および㈢社会ないしは世の中という三つの大切な「場」、すなわち実質的な空間について、そのあらましをお話した次第です。ところが、わたくしがここで、単に空間といわないで実質的空間と申すのは、内容をもった空間という意味であり、そしてその内容の構成要素が、われわれ人間だという意味でありま す。そしてそのような立場から考えますと、家庭という空間は、幼い生命にとっては、その心情の啓培せられる「場」であり、ついで第二の空間としての「学校」というところは、いわば人間社会の縮図という意味をもっているとと言ってよいでしょう。同時に第三の、そして最後の現実の社会ないしは世の中という空間は、われわれ人間が、生涯にわたって厳しい試練と鍛錬をうける「場」ですから、これは「人生の道場」といってよいわけです。

かくしてわたくしは、前に第四講でお話したところの「自分を育てるものは結局自分の他ない」という立場にたちながら、これまで三回にわたって、人間形成の「場」、すなわちわれわれ人間が育てられ、かつ鍛えられる実質的空間という立場から、一おうのあらましについて申したわけであります。

ところが、わたくしの考えでは、この人間形成という問題は、このような「場」という観点以外にも、まだ他に、もう一つ重要な観点があると思うのであります。そこでこれからほぼ三回にわたって、こうした点について、お話してみたいと思うのであります。

では、一体どういう問題かと申しますと、それは㈠「血」㈡先達㈢逆境による試練という三つでありまして、わたくしは、われわれ人間をある角度から分析してみますと、結局これら三種の要素によって、その基本的な構成はなされているように思うのであります。したがって、妙なことを申すようですが、わたくしは一人の人に接した場合、その人が今日まで辿って来たその人生コースにおいて、これら三種の人間構成の三大要素のうちどの点に一ばん恵まれたか、またどの点が比較的欠けているか、ということのあらましの見当はつくのであります。つまり、われわれ人間を構成しているこれら三種の要素は、われわれ人間の形成上、それほど不可欠の要素となっているわけであります。

そこで一般的な概説としては、一おうこの程度に留めておいて、今日はそのうち第一の「血」の問題について考えてみることにいたしましょう。ところが、ここでわたくしが「血」と申しますのは、言いかえれば、結局「遺伝」の問題ということであり、あるいは先天性の問題といってもよいでしょう。では何ゆえわたくしがこの問題を、人間形成上いわば第一の重要なものと考えるかと申しますと、それはこの「血」の問題というのは、言いかえますと、人間の生地《きじ》というか地金の問題であって、これを抜きにした考察は、どう考えてみても、結局不十分だからであります。

もちろんこうはいっても、「生地さえ良ければ、それ以外のことはどうでもよい」などという意味では毛頭ないのであります。たとえば、着物に例をとってみましても、生地さえ絹であれば、どんな織り方や染め方でもかまわぬなどといえないのはもちろんのこと、その上さらに、裁縫の仕方に至るまで、それらのすべてが、結局大切なことは申すまでもないことです。しかしながら、もし染め方や裁縫の仕方が大たい同じとしたら、人絹と本絹とでは、何といってもその気品が違うようなものであります。

そして同様のことは、またわれわれ人間の場合にも、そのまま当てはまると思うのであります。つまり、その人がいかにリッパな師匠について修業しても、またその人がいかに深刻な人生の試練を経ていたとしても、もしその人の生地ともいうべき遺伝的な素質が、卓《すぐ》れていなかったとしたら、そこには十分な人間的気品というものは感じられないわけで、それはある意味ではひじょうに気の毒なことともいえましょうが、しかしこれもまた、この現実界におけるきびしい制約というか、一種の運命的な約束事という他ない気がするのであります。

このように「血」の問題というものは、ある角度からは、人間的な「気品」の問題といってもよいかと思いますが、しかしこの気品の問題については、わたくしは、人間一代では十分に獲得できないものではないかと考えるのであります。つまり知識とか意志力というようなものは、その人の一代の努力によって、一おうは到達できるともいえましょうが、ひとりこの「気品」という問題だけは、どうも一代では達しえないのであって、結局は三代かかるといってよいようであります。ですから、広い世間にはたとえ蕩児となっても、なお一脈その気品を失わぬというような場合さえあるほどです。

もっとも、以上わたくしが「血の問題」と申してきたのは、卓れた「血」とか、冴えた「血」という場合について申したのでありますが、しかしそれとは反対の場合も、もちろん「血」の問題、すなわち遺伝の問題と決して無関係とはいえないでしょう。

　そこで、いま概括的に申しますと、いわゆる実践的な人というものは、気品とか人間的な冴えという面では、ともすれば遜色を免れぬようであります。つまり、かねがね申すように、「世の中には両方良いことはない」わけで、実践型の人というものは、気品とか人間的な冴えという点では、ともすれば欠け易く、同時にこれに反して、気品のある人というものは、「実践」という点では、ともすれば遜色があるのが常のようであります。

　では、こうした点に対して、われわれは一たいどうしたらよいでしょうか。この点についてわたくしの考えでは、これらの類型に属する人は、それぞれ自分の遺伝的な「血」の欠点を自覚して、全力を挙げてこれを克服する努力が必要と思うのであります。それというのも、たんに生まれつきの遺伝というだけでは、いわばまだ生地の程度であって、洗練せられていないわけですから、それぞれ欠点のあるのを免れないわけであります。たとえて申せば、実践型の人というものは、なるほど確かに感心ではありますが、しかしともすればじじむさい処があり、野暮ったさを免れない傾向があるようであります。ところがこれに反して、生来「品」が良いといわれるような人は、気をつけませんと、実践的には見劣りがしがちだというのが世間の実情であります。

　ではこうした点に対して、一たいどうしたらよいかと申しますと、実践型の人はとかく、「実践という点では、自分はメッタに人に劣らない」という、自信を抱きがちですが、しかしそれだけでは、いつまでたっても、その人には気品というものは身につかないでしょう。それというのも、実践力というものは、どこか重油のようなものが動力となりますから、実践への力はあっても、人間としてはどこかじじむさい処があったり、あくの強さのあるのが普通であります。ですから、生まれつき実践力において卓《すぐ》れている人は、その点を誇りがましく思っているだけでは、スッキリとした人間的気品というものは身につかぬといえましょう。

　ではそれに対して、人間的にはスッキリした人ではあるが、どうも実践力とか迫力という点では、もうひとつというような人は、つねに実践力という点では、自分は劣っているということを忘れぬように心がけるがよいと思います。以上を要するに、これら二種の人間類型のうち、いずれの類型に属する人でも、単に生まれついた生地のままでは、人間としては不十分だということであります。ところが、おたがい人間は、生まれついた自分の性格の生地を直すということは、まことに容易なことではありません。それもまた思えば当然のことでありまして、つまりそれは、自分の性質を根本的に焼き直すということであり、徹底的に生まれかわるということだからであります。

　ところで、この点について、わたくしにとって忘れ難いのは、中国の宋代の哲学者の書いた書物の中に、「真の学問というものは、自分の生まれついた気質を変えることだ」というコトバがありますが、わたくしは三十代の半ばごろ、まだ京都大学で哲学科の大学院にいたころでしたが、このコトバに出逢って、全くのけぞるほどに驚いたのであります。しかもわたくしにこのコトバを教えて下さったのは、世間的に高名なN博士ではなくて、実に隠者としての有間香玄幽先生だったのでありまして、こうした処にも、有間香先生とN博士との学風の違いというものが見られるわけであります。そしてそれ以来わたくしは、真の学問というものは、単なる論理の沙汰ではなくて、これを学ぶもの自身において、人格の根本的転換が行われねばならぬということが、骨髄に徹して分ったのであります。

さて、以上わたくしは、われわれ人間にとって、その人間形成の努力は、どうしても㈠血と㈡師すなわち先達または指導者と㈢逆境すなわち人生の苦難という、三つが不可欠であって、以上述べたのは、そのうち第一の「血」の問題だったわけであります。そしてそれを、たんに生まれつきの生地のままにまかせておいたのでは、どうしても実践力と気品という、いわば正反対のものが、どちらか一方のままでおわる恐れがあるとして、その対策について一言したしだいであります。

しかしながら最後に念のためにどうしても一言しておかねばならぬと思うのは、「血」とか「遺伝」とかいっても、それは同じ両親から生まれた兄弟でも、性格的に同じだとは決していえないということであります。これはかりに、かなり卓《すぐ》れた両親から生まれた兄弟の場合でも同様でありまして、そこには色々と相違があるのが普通であります。したがって、そうした意味からは、血とか遺伝などというコトバよりも、先天性というコトバのほうが、誤解がなくてよいともいえましょう。それというのも、遺伝学などといっても、一人びとりの人間の、どの人にも当てはまる法則などというものは、絶対に引き出せないからであります。だがそれにも拘らず、否、むしろそれ故にこそわたくしは、先天性のもつ一種の神秘性に頭を下げずにはいられないのであります。同時におたがい人間というものは、たんに生まれついた生地のままでは、真にその美質を発揮することは出来ないのでありまして、それにはすでに申したように、苦難を通してのきびしい自己鍛錬が必要と思うのであります。

（心なしか、名児耶先生の今日のお話には、どこか沈痛なひびきがあったように思われた。）

# 第九講――人生のパイオニヤを

今日も道服姿の名児耶先生は、校長先生の先導でご入室。やがておもむろに壇上に立たれて、一礼の後、今日のテーマを書かれ、ついで次の詩をお書きになった。

心と体

坂村　真民

わたしの　こころが
燃えている日は
道の　草木も
光り　かがやき

わたしの　からだが
躍っている日は
空の小鳥も
凜々《りんりん》と　鳴く

いかがです。この詩は、皆さん方のような若い方には、いちだんとよく、心に響くんではないでしょうか。まるでよく弾《はず》むゴムまりが、はね返っているような調子ですものね。

それにしても、坂村さんが、この詩を詠まれたのが、一体いくつくらいのお歳だったか、わたくしには分りませんが、たぶん四十代に入られてからのことかと思われます。もしそうだとしますと、それにもかかわらず、こうした若やかな詩が詠めるということは、どうも大したものですね。

では、どうしてこういうことが可能かというと、このころすでに坂村さんは、何らかの意味で「永遠の生命」というものに触れていられたからでしょう。でなければ、こうした若やかな弾力のある詩は詠めないはずであります。

そこで、もしそうだとしたら、一たい坂村さんは、どういう途によって、そうした「永遠の生命」に触れられたか、ということが問題となるわけであります。しかしそれは、おそらくは坂村さんが、詩と宗教との切り結ぶ一線上を、絶えず命がけで歩かれたことによって、得られたものでしょう。

さて、前の週にはわたくしは、人間形成の三つの重大な要素の一つとして、「血」の問題について述べてみたのであります。もっとも、わたくしが「血の問題」と申すのは、遺伝というか、さらには先天性というほうが適当かも知れません。そもそもわれわれ人間において、先天的なものと後天的なものと、どちらが一たいより強い影響力をもつかということになりますと、簡単には答えられないようでありまｓ。すなわちある種の人は、後天的なものの方がより強い影響力をもつと言い、それに対して他の一部の人は、先天的要素の方を力説するようでありまして、これらはいずれの側にも、それぞれ根拠があるわけであります。

ただわたくし自身は、どちらかと申しますと、先天的要素のほうに、六分がた傾くほうでありまして、それには、わたくし自身の身の上から考えてみてもそう思いますが、もうひとつ、明治以来のすぐれた女流教育家といわれた羽仁もと子女史が、その古希を祝う「婦人の友」の特集号の誌上に、「育ちよりも氏《うじ》」という題をかかげて、過去五〇年にわたる、その永い教育生涯をかえりみた結果から帰納して、「育ちよりも氏」のほうが、より強力だということを書いていられたのが、不思議と今日に到るもなお忘れ難いのであります。そして今一つは、亡くなられた篤学な教育心理学者だった正木正博士が、その著「教育の底にあるもの」において、宮城県下で僻地教育に献身された飯田翁の三代にわたる教育的観察の帰結として、やはり同様の結論に達したのでありまして、これまたわたくしにとっては、今なお忘れ難い事柄であります。

しかしながら、こうは言ってもわたくしには、もとより先天的なものが絶対的だなどという考えは毛頭ないのであります。何となれば、今かりにその質としては、ほぼ似たような三人の兄弟があったとして、もしＡ・Ｂ・Ｃという素質の違った三人の指導者の指導をうけたとしますと、それら素質的にはほぼ相似た兄弟でも、かなりなひらきを生じるわけでありまして、これはわたくしたちの周囲の到るところに見られる現象であって、何ら怪しむに足りないことであります。

では、指導者が違うということは、何ゆえそんなに大きなひらきを生じるのでしょうか。それは、卓《すぐ》れた指導者というものは、身を以ってその模範を示すことのできる人だからであります。それというのも、われわれにとって最も大事なことは、物事の基準というか、方向を示されることだともいえましょう。ですから、もしわたくしたちが見識の低い指導者についたといたしますと、われわれはそうした低い水準で満足して、いつまでもそこにあぐらをかいてしまうのであります。ところが、卓《すぐ》れた指導者について、これを師といたしますと、そうした危険は絶対にないのであります。実さい、真に卓《すぐ》れた指導者というものは、わたくしたちが、いかに努力し精進してみても、少しも近づいたなどという気にはなれないのであります。何となれば、真に卓《すぐ》れた指導者というものは、自分自身が絶えざる精進をつづけているからであります。

否、そればかりではありません。真に卓《すぐ》れた指導者というものは、わたくしたち一人びとりの素質をするどく見抜いて、それぞれの人間に適した指導の手をさし伸ばすのが常であります。すなわち、真にすぐれた師というものは、一人びとりの弟子の個性を深く洞察して、それぞれの個性を伸ばすように導かれるのであります。否、指導者としての第一資格は何かといえば、このように弟子たちの個性を見抜く、その深さと鋭さにあるといってもよいでしょう。

そうした点で一つの卓《すぐ》れた逸話は、いわゆる「松阪の一夜」という名で知られている、かの加茂真淵と本居宣長との会見であります。その時宣長はたしか三十代の半ばくらいだったかと思いますが、当時国学の第一人者たる加茂真淵が、伊勢参宮の途中、松阪に一泊せられると聞いた宣長は、思い切ってその宿へお訪ねしたのであります。そして自分の研究上、どうしてもハッキリしない難問について尋ねたところ、真淵翁は、その時すでに六十七歳という老齢でしたが、

「実はその問題は、わたしも早くから研究したいと思いながら、もはや老齢のために困難である。ついては、あなたはまだお若いのだから、今から怠らず勤められたら、必ずや成就されるでしょう。同時に、研究というものは、むやみにあせらないで、まず土台をしっかり固めて、着実に進まれるがよいでしょう」

と言って激励したということであります。そして松阪の一夜における、この真淵翁の一言によって、ついにあの「古事記伝」という空前の古典的大著は完成したのであります。すなわちこの場合、師と弟子とが相会したのは、生前においてはこの時ただ一回だけだったのであります。しかるに、そうした唯一

度の会見にもかかわらず、それによって、わが国の最高古典である「古事記」の研究上、最大の成果ともいうべき「古事記伝」はでき上がったのであります。しかもその間要した歳月は、実に二十六年という永い歳月をかけて、その完成が見られたのでありまして、それはその分量からいっても、実に四十八巻という尨大なものであります。

では、何ゆえわたくしがこのようなことを、ここでお話するかと申しますと、それは真淵翁はただ一目見ただけで、三十何歳も年下の本居宣長におけるその超凡な素質を、鋭くも洞察したということでありまして、かくあってこそ、はじめて真に卓越した指導者というべきであります。そしてまた宣長の方でも、師が自分の素質を深く認識して下さったことを、終生感謝して止まなかったということは、松阪にあった宣長の旧居の二階の四畳半の書斎の床の間には、加茂真淵翁の名前を書いた唯一幅の掛け物が掛っていただけで、その他のものは一物もないのでありまして、それが現在でもそのまま、松阪公園の一隅に保存されていますから、皆さん方も、もし松阪を訪ねられたら、ゼヒご覧になるがよいでしょう。

皆さん方は、以上わたくしの話によって、先にわたくしが、真に卓《すぐ》れた指導者である師は、その弟子の素質を深く鋭く洞察するものだ、と申したことの一つの典型的な実例を、この「松阪の一夜」の話によって、うなずかれることと思います。ですから不幸にして、平凡なつまらない指導者を師とした場合には、せっかく可成りな素質や天分を持った人でも、それを見抜いて導いてもらえず、そのまま空しく埋もれてしまう場合が少なくないのであります。これわたくしが、われわれ人間は、かりにその先天的な素質においては、多少卓《すぐ》れていたとしても、それを見抜いて、引き出し導いてもらえるような指導者にめぐり逢うのでなければ、ついに一生を凡々と、空しく過ごしてしまうだろうと申すゆえんであります。

ところで、以上のような話をしても、皆さん方の中には、「しかしそれは、真淵とか宣長というような、有名な学者の場合に当てはまることで、自分たちのように、学問などしようと思わない者には、指導者などというものの必要はあるまい」と考えている人も、少なくないのではないかと思われます。そこでわたくしは、そういう人たちのために、もう一つ別の方面の話をしたいと思います。それは例の「愛知用水」という、世紀の偉業の生みの親の久野庄太郎さんについての話であります。久野さんとわたくしは、同郷同士の間柄ですから、すでに戦前からお逢いして、知り合っていたのであります。ついでながら、わたくしと久野さんとを引き合わされたのは、西山茂という偉い校長さんでしたが、その方はすでにお亡くなりになりました。

さて、この久野庄太郎さんという方が、最近「手弁当人生」（黎明書房）という本を出されましたので、この学校にも一冊寄贈しておきましたから、心ある人はどうぞ読んで頂きたいと思います。この方は、学校歴としてはわずかに小学四年終了だけであります。しかるにその久野さんが、「愛知用水」というような世紀の偉業をされるようになったについては、もちろん㈠素質的にも、卓《すぐ》れた天分を持っていられることは、申すまでもありませんが、㈡同時に、久野さんは、つねに卓《すぐ》れた人を求めてこれを師とし、指導者として学ばれた方であります。

ではどういう人の影響を、もっとも深く受けられたかと申しますと、それは明治以後わが国の農村教育の開祖といってよい「我農」山崎延吉先生でありまして、久野さんと話していますと、つねに「山崎先生が――山崎先生が――」といわれるのであります。しかし久野さんは、小学四年終了だけの学歴ですから、安城の農林学校長だった山崎先生に、生徒として教わったわけではないのであります。しかるに久野さんは、おそらく安城農林学校出身のだれよりも深く、山崎先生のご精神が分っていたと共に、山崎先生のほうでもまた、久野さんの超凡な素質を深く見抜いていられたと思うのであります。

久野さんには、この山崎先生の他にも、もう一人故里《ふるさと》のお医者で鈴木という方について、遺伝学その他高等な学問を教わったようであります。この鈴木という方は、アメリカ帰りのお医者さんだったようですが、「先生一人生徒一人」で、毎朝早朝お宅へ伺っては、その教えを受けられたということであります。

以上によってもお分りのように、偉大な事業をした人は、その学校歴のいかんに拘らず、ほとんど例外なく、卓《すぐ》れた人を師と仰ぎ、生涯その方の教えをうけていると言ってよいでしょう。何となれば、もしそうでなかったら、すなわち「師」とか指導者というものを持たない人は、かりに多少の才能や素質はあったとしても、つい我流に陥って、いわゆる夜郎自大《やろうじだい》になってしまうからであります。

否、わたくしの考えでは、もしその人が素質的に、真に卓《すぐ》れたものを持っていたとしたら、その人は卓《すぐ》れた「師」を求め、指導者を探さずにはいられないはずだと思うのであります。何となれば、その人の内なるものが、つねにそれを求めて止まないからであります。したがってまた、こういうことも言えましょう。すなわちその人が、いかに切実に、自己の指導者を求めるか否かによって、その人の素質の大よその見当はつくといってもよいでしょう。すなわち、そこばくの知識や才能にうぬぼれたり、満足したりして、餓え渇く人間のように、切実真摯に指導者を求めないとしたら、その人の素質も大したものではないと断定しても、ほぼ誤りはないともいえましょう。

（名児耶先生のお話は、いつも力強いものが感じられるが、今日はお話の内容のせいか、いつもよりも一そう力のこもったお話であった。）

# 第十講——逆境の試練

今日も道服姿の名児耶先生は、校長先生の先導によってご入室。そしておもむろに壇上に立たれて、今日のテーマを書かれ、ついで次のような詩を書かれた。

めぐりあい　　　　坂村　真民
めぐりあいの
ふしぎに
てを　あわせよう

これはどうも大へん短い詩ですね。念のために字数をかぞえてみましたら、わずか十七字しかありません。十七字というと、俳句と同じ字数ですものね。でもそれでいて、やはり俳句とは違った味わいがありますね。こう考えて来ますと、実に不思議な感じがしますね。もっとも、詩も俳句も、共に広い意味では詩なわけで、だからどちらも、わずかなコトバでありながら、深く人々のこころに響くのです。

さて、この詩の意味については、もはや何らの説明もいらないでしょう。それというのも、この世において、「人と人とのめぐりあい」ほど、貴くもまた不思議なものはないからです。しかしながら、それが不思議と思われるのは、それがわれわれ人間のはからいを超えているからであります。同時にそこからして、人と人とのめぐりあいは、ふかい恵みであり、いわば「天」から与えられたものとも考えられるわけでしょう。

とにかく良い詩ですね。いかにも坂村さんらしくて——。

さて先々週から、わたくしは、皆さん方に対して、われわれ人間が、一人の人間として形成される場合の主な要素が三つあるといってきました。そのうち第一は先天的なもので、すなわち一人びとりの人間は、この地上へ生まれ出る以前、つまり母親の胎内に宿ったその瞬間から、すでに一人びとりが、それぞれ唯一無二なる個性的なものを与えられるのであります。しかしそれは、まだ単に素質というか可能性に過ぎませんから、われわれ人間は、生涯かかって、そのようにして授かった素質をリッパに磨き上げ、その特色を発揮し実現しなければならぬわけであります。同時にそのためには、大たい二つの事が必要であって、その一つは、先週お話したように、「師」すなわち卓《すぐ》れた指導者について、その指導を受けるということであります。それというのも、われわれ人間の素質は、それがいかにリッパなものであったにしても、それを鍛え導いてくれる人に出逢わなければ、単なる素質、すなわち可能性の域に留まるからであります。わたくしなども時々「ああ、これは今時めずらしい、なかなかリッパな素質をもった青年だ」と思う人が、時にないわけではありません。しかもそのまま、その人との縁ができずじまいに了《おわ》る場合が、少なくないのであります。わたくしの方では、実に惜しくて残念だとは思いますが、しかし縁がないということは、人間業《わざ》ではどうにもならないものでありまして、多くの場合、結局そのままになってしまうのであります。

しかしながら、このように単に師という指導者に導かれるだけでは、わたくしたちが「天」から授けられた素質を発揮し実現するには、まだ不十分なのであります。それというのも、師というものは、いわば「光」のようなものでありまして、それによってわたくしたちは、「自分は人間として一体どう生きていったらよいか」ということを、教えられるからであります。しかしここで教えられると申しましても、それは必ずしも常に「お前は将来どういう生き方をするがよかろう」というふうに、直接コトバによって教えられるとは限らないのであります。否、そういう場合はむしろ少ないともいえましょう。

ではわれわれ人間が、師によって自分の人生の生き方を教わるのは、一たいどういうことかと申しますと、それはつね日ごろ師に接していますと、これと直接にはおっしゃられなくても、無言のうちに、その言動の間に深い示唆を受けるのでありまして、それをわたくしは、先ほど「光」にたとえたわけであります。なるほど、人によっては、ひじょうに厳しく導かれる場合も少なくないでしょう。ですから、昔から「厳師」というコトバもあるのであります。しかしそうした厳しさも、その最も高くして深い場合は、多くは無言の教えというか、ただ師に接しているだけで、否、師のことを心に想い浮べるだけでも、一種の森厳なものを感じるのであります。ではどうしてそういうことがあり得るかと申しますと、結局は真理そのものが、師という一人の人格の中に生きているからでしょう。そしてわたくしの師、有間香玄幽先生という方は、実にこのような方だったのであります。

では、そのような卓《すぐ》れた方を「人生の師」として仰いだならば、もはやそれ以外には何物も不用かというと、そうは言えないのでありまして、その上さらに逆境の試練が必要だと思いますが、それは一たい何故でしょうか。この点は実にむずかしい処ですが、一口に申せば、われわれ人間は、その素質がいかにリッパでありましても、逆境の試練というものを経験しないと、その素質は十分には鍛えられないからであります。否、むしろその人の素質が優秀であればあるほど、より厳しい逆境の試練を受けねばならぬともいえましょう。

そもそも素質がよいということは、質的にすぐれていると共に、量的にも豊かなわけであります。したがって今、サツマイモにたとえるとしたら、品種が良い上にイモが大きいというわけですが、大きなイモはそれだけ熱い火で、しかも時間をかけねば、中まで十分に火が通らないようなものであります。したがって素質が良いということは、ある意味ではその生命に弾力があるということでもありますから、とかく逸脱しやすいとも言えるわけであります。ですから、なまじいに才能のある人間ほど、かえって真の大成に到り難いといわれるのは、まったくこうした処から来るわけであります。そしてそれには、如何に人生の指導者たる師がリッパな人であっても、それだけではまだ足りないとせられるわけであります。それというのも、師は先にも申すように、いわば「光」のようなものでありますから、それだけでは、いわばまだハガネを火で熱したというだけであって、それをさらに金鎚で、徹底的にたたいて鍛え上げなければ、リッパな刀にはならぬのと同様であります。

現在では、皆さん方のうちにも、実さいに刃物を鍛えるところを見た人は、ほとんどないでしょう。

いわんや日本刀を鍛えるところなどはそうでしょう。わたくしは小さいころ、自分の家の近くに刃物鍛冶が住んでいましたので、よく見にいったものですが、はじめは鉄を真っ赤に熱し、つぎにはそれを鉄《かな》床《とこ》の上にのせて、金鎚で力強く叩くのです。すると真っ赤に焼けた金くそが、盛んに四方へ飛び散るのです。つまりそれは、鉄の中に含まれていた混《まざ》り物であって、もしそれが日本刀の場合でしたら、鍛えに鍛え抜いて、その種の雑分子が徹底的に除かれて、鉄のもっとも純粋な部分だけが、最後に残るわけであります。

同様にわれわれ人間も、現実の逆境によって、鍛えに鍛えられて、自分の素質の中に混っている色々な不純物が、徹底的に取り除かれねばならぬわけであります。それには、たんに書物を読むという程度のことでは、たとえそこに、どんなにリッパなことが書かれていたとしても、多くはその場限りで、跡方もなく消えて行くのであります。ところが、それに比べますと、卓《すぐ》れた師について、その言動から学んだものは、単にその場限りで消えてゆくということは断じてなく、わたくしたちの身・心の中におのずと沁み込むと言ってよいでしょう。しかしながら、それが真に骨身に刻み込まれるというには、わたくしたちは、さらに人生の深刻な試練によらねばならぬのであります。

では、そうした人生の現実的な試練とは、実さいにはどのようなものをいうのでしょうか。これは現在の皆さん方には——一部の例外的な人を除いては——本当のところはよく分らぬわけであります。それというのも、皆さん方は現在はまだ親がかりの身であって、いわば親のすね齧《かじ》りの身分だからであります。今わたくしが、「一部の例外的な人を除いては」と申したのは、現在すでに両親の一方、または双方を失っている人をさしているわけです。ですから、そういう方には、わたくしがここで申していることの意味が、ある程度お分りだろうと思います。

　むかしから、「人は苦労しなければ、真の人間にはなれない」といわれて来たわけですが、それは人間は、苦労することによって、人生というか、この世の中の厳しさが分るということでありまして、それは言いかえますと、人間の甘さが除《と》れるということでもあります。いわば、それまでだぶついていた贅《ぜい》肉が、しだいに削《そ》ぎ落されて、スッキリと引きしまった体になるようなものだともいえましょう。すなわち身軽になり敏捷になって、自由自在な活動ができるようになるのであります。ということは、われわれ人間は、逆境によって鍛錬せられますと、それまであった人間的な甘さがしだいに取り除かれるために、現在わが身に与えられる事柄のいかんに拘らず、自分の本質を十分に発揮して、縦横に活動ができるようになるといってもよいでしょう。

　ところで、わたくしは今、「人間的な甘さ」ということを度たび申しましたが、この場合わたくしが人間的な甘さというのは、一体どのようなことを言うのでしょうか。それには色々ありましょうが、第一には自分自身を実際以上に買いかぶるということなどもその一つでしょう。そして第二には、そこから必然に伴うことですが、他の人の真価が正しく評価できないということであります。ではそうした事から、一体どういう事が生まれるかと申しますと、自分を真価以上に買いかぶっていますから、すべての事がらが予め考えていたように巧い具合には運ばぬようになり、同時に他の人々については、その真価の通りに正しくは見えず、いつも真価以下に見ようとしますから、そこで自分から見れば、つまらぬ人間と思っていた人が、しだいに自分を追い越してゆくようになるのであります。したがって、不平不満の念を抱くようになるのは言うまでもないことであります。

ところが、こうした人間的な「甘さ」というものは、単に書物を読んだり、あるいは大学で哲学などの講義を聞いたぐらいで除《と》れるものではないのであります。否、へたに大学の講義などを聞きますと、人によってはかえって、そうした人間的な「甘さ」が拡大し膨脹する場合さえ、けっして無いとはいえないのであります。それというのも、先にも申すように、この人間的な「甘さ」というものは、もともと自惚《うぬぼれ》心から来るものだからであります。そして自惚心とは、改めて申すまでもなく、自分を真価以上に考えることであって、いわばふくらし粉が入っているのに、それと気づかぬような滑稽さであります。しかも、おたがい人間というものは、とかくそうした自惚心をもちやすいものですが、それを徹底的に除いてくれるのが、ここにいう「逆境」の試練というものであります。

それにしても、われわれ人間には、色々な苦難や逆境がありますが、その点については、すでに第七講において、あらましのことは申しましたので、今日はそれらを予想しながら、どうして逆境というものが、われわれ人間を鍛えるかという点を主としてお話してみた次第であります。

そこで最後に、一つ大事な問題として申して置きたいと思うのは、このように、人間というものは逆境の試練によって、なるほどその甘さは除《と》れますが、しかしその結果出来上がる人間に、大きく分けて二通りの区別がつくということであります。そしてその一つは、甘さはとれるが、人間としてはえぐくなるという場合であります。すなわち自分の甘さもとれるが、同時に他人《ひと》の甘さに対しても、容赦《ようしゃ》しないという場合であります。ところが、もう一つの場合というのは、なるほど逆境によって甘さという贅《ぜい》肉は削《そ》ぎとられたが、同時にその際の苦しさが骨身に沁みてよく分っているために、他人《ひと》の甘さに対しては、比較的に寛大だという場合であります。これは実に面白い問題でしょう。同じく逆境によって、人間的な甘さが除《と》れながら、その結果出てくるものは、ある意味では、まるで天地のひらきが生じるわけであります。では一体どうしてこのようなひらきが生じるのでしょうか。この点については、結局その人の先天的な生まれつきと、並びにその人が「人生の師」を持っているか否かによるという他ないでしょう。

（今日名児耶先生の話された事については、これまでも、少しは考えないでもなかったが、今日のお話によって、深く考えさせられるものがあった。おかげで自分も多少、大人になれたような感じがする。）

# 第十一講――正直の徳

今日も道服姿の名児耶先生は、校長先生の先導でお越しになり、やがて壇上に立って、一礼の後、今日のテーマを記され、そして次のような詩を書かれた。

原爆詩　　坂村　真民

ひとり茫々たる
城趾に立てば
地のうめき　きこゆ
天のあざけり　きこゆ
髑髏《どくろ》のうた　きこゆ

鉄骨よ　かたれ
この日の怒りを
ただれた煉瓦よ　のろえ
この一瞬の暴虐を
巣喰う雀よ　ののしれ
この人間の悪を

ドームに啼いている
雀からも
くさむらに鳴いている
こおろぎからも
わたしは死者のこえを聞いた
そのほうが　素直に
悲しい人たちの心を
わたしに伝えてくれた

今日の詩は、これまでわたくしがご紹介してきた詩とは、大へん違うとお感じでしょう。そしてそれは、いうまでもなく、詩によまれている素材というか、その対象が大へん違うからであります。それというのも、これまでご紹介してきた詩は、どちらかというと、坂村さんひとりの問題を、深くふかくと掘り下げられた詩でした。ところが、この詩はごらんのように、広島の原爆について詠まれた詩であります。すなわち坂村さんが、広島における原爆投下の廃墟に立って、その痛ましい惨状を詠まれたものであります。

広島の原爆については、他にも多くの詩人たちが詠んでいます。そしてそれらの中で、今は亡き峠三吉という詩人の「原爆の詩」は、原爆の詩だけで、一冊の詩集となっている点からして有名ですが、しかし坂村さんのこの詩も、それらと比べてけっして遜色はなく、やはり「さすがに――」と思うのであります。

ここ三回ほどの間わたくしは、われわれ人間というものが出来上がるには、一たいどういう事柄が、その土台というか、むしろその構成要素となっているかという点について、一おうのあらましを述べてみたしだいであります。そしてそれは、すでにお話したように、第一には遺伝といってもよければ、また血といってもよいでしょうが、要するにその人の先天的な素質が土台となるようであります。ただしそれは鍛錬せられねばならぬわけですが、そうした鍛錬の一つは、逆境、すなわち人生の現実的な試練であります。しかしながら、たんに逆境だけでは、人によってはかえってひねくれる危険が、ないともいえないのであります。つまり世間的な苦労によって、なるほど人間としての甘えは除《と》れましょうが、しかしそのために、かえって人間がえぐくなったり、時には意固地《いこじ》になったりする場合もないわけではありません。

そこで、では逆境にもまれながら、しかも、そういう人間にならないようにするには、一たいどうしたら良いかと申しますと、それには正しい「人生の師」、すなわちリッパな人生の指導者を求めて、その方の教えを受けるということが第一です。同時にそうすることによって、われわれは、はじめて人間としての正しい道を教わるだけでなくて、さらに色々と人間的なたしなみをも身につけることを教わるのであります。どうも現在の形式的組織的な学校教育では、ともすればこうした点がおろそかになりがちであります。同時に正しい師によって教えられない人というものは、たとえ才気はあっても、どこか人間としてのうるおいが足りないようであります。

さて、以上わたくしの申したいことは、おたがい人間というものは、一体どのようにして出来上がるかという問題、言いかえますと、人間の形成せられる三つの根本的な要素について大観してみたわけでありまして、将来皆さんが、実さいに、自分をつくり上げてゆかれるためには、むろんこうした大まかな基本骨骼だけでは足りないわけであります。

そこで、以上三つの大きな基本的骨骼をふまえながら、では次には、一体どういうことが問題になるかと申しますと、わたくしは、皆さん方の自己形成の上で一ばん大切なものは、さし当っては「正直」の徳ではないかと思いますので、今日はさし当りこの問題について、考えてみたいと思います。もっとも、このように申しますと、皆さん方の中には、「ナニ正直が大事だって——。だが、それくらいなことなら、自分にはもうとっくに分り切ったことだ」と、心の中に思う人があるかも知れません。もっともわたくしにも、そうした人の気持ちが分らぬわけではありません。しかしながらわたくしには、この「正直」という徳目は、そのように簡単に「もう分り切っている」というような、安易な態度では断じてすまされない、われわれ人間にとって、もっと根本的な問題であると共に、そこにはまた色々と検討すべき点があるかと思うのであります。

では第一にどういう点が問題かと申しますと、この「正直」という徳は、われわれ人間が、世の中で生きてゆく上では、一ばん土台になる大切な徳目だということであります。ところが、ふつうには、どうもこの点に対する考えが、一般に足りないように思われるのであります。

では、何故この「正直」という徳目に対して、人々の多くは、それほど深く吟味したり考えたりしないかというと、それはちょうど太陽の光や空気は、われわれ人間にとって、何物にもまさって大切なものですが、しかし人々の多くはそれを忘れて、地位とか名誉とか、またお金などの方に、とかく心をうばわれがちなのと、どこか似ている処があるともいえましょう。実際どんなに沢山お金がありましても、もし空気というものが無かったとしたら、われわれ人間は、否、ひとり人間だけでなくて、この地球上のすべての生物は、ひとたまりもなく死ぬ他ないにもかかわらず、平ぜい人々は、それと気づかずにいるようなものだともいえましょう。

では何ゆえわれわれ人間には、この「正直」という徳が、それほどまでに大切かと申しますと、この点を一ばんハッキリ示しているのは、例の、狼が来もしないのに「狼が来た」といって、人々をだました少年の話によっても、明らかであります。すなわち、人間というものは周囲の人々から、「あの人間の言うことは当てにならぬ」といううわさが立ったが最後、もう世間は一切相手にしなくなるのでありま す。ところが、一たんそうなったが最後、われわれ人間はこの世に生きてゆくことが、ひじょうに困難になるのであります。皆さん方は、まだ親のすねかじりの身分ですから、かりにお友だちたちから、あまり相手にされなくなったとしても、なるほど寂しくはありましょうが、しかし食ってゆくことには、まださしつかえはありません。しかし将来大人になって、一家の経済的な責任を負う身になりますと、人はまともな人々から相手にされなくなりますと、第一食ってゆくこと自身が、ひじょうに困難になるのであります。

では一歩をすすめて、何ゆえ人は正直でないと、世間の人々から相手にされなくなるのでしょうか。この点は実に重大であるにもかかわらず、わたくしの見るところ一般にこの点への究明が、どうも足りないように思うのであります。それというのも、先ほど来申すように、あまり分り切った自明な事柄だと考えられているからでしょう。ところでわたくしは、この点について、ひとつの深刻な経験をさせられたことがあるのであります。それは戦前わたくしが、旧満洲国の建国大学にいたころのことですが、やむをえない事情のために、半年ほど教務課長をしたことがありまして、そのころ一人の朝鮮出身の給仕がいました。年のころは、ちょうど皆さん方ぐらいか、もう少し小さかったかも知れません。大へん良く気が利くので、すべての課員から大変可愛がられていたのでした。

ところがある日のこと、事柄は忘れましたが、その可愛い少年が、意外にもうそを言ったことが分ったのであります。そこでわたくしも驚いて、「君!!どうしてそんなうそを言ったのかね」と問いただした処、本人はケロリとして、「うそではありません。それは姉さんに聞いてもらったら分ります」というのです。そこでひそかに姉を呼んで尋ねてみたところ、やはりうそだということが分ったのです。そこで「君……姉さんに来てもらって聞いたら、やはり君のいうたことはうそだと言っていられたよ」と申しますと、「それは姉のいうほうが間違いで、自分のいうことのほうが本当だ」というのです。そして「何なら奉天の伯父さんか、京城の叔母に聞いてもらえば分かります」というじゃありませんか。ですから、その少年のいうことがうそかどうかをハッキリさせるには、こちらが奉天か京城まで出かけて行かねばならぬわけで、これではどうにもならぬでしょう。

この一つの例によってもお分りのように、一人の人間のいうことが、うそか本当かを確かめるのに、一々そんな遠方まで出かけて行って確かめるというような閑人《ひまじん》は、この忙しい世間にはないわけです。唯今の話は、わたしが直接経験した事柄について申したわけですが、たとえばここに一人の人間がいるとして、その人が「自分の家は紀州では指折りの大山持ちで、五百町歩ほどの山林がある」といったとして、もしその人が平生うそをいう人間だったとしたら、人びとは「あいつの言うことなんか当てになるものか」といって、頭からだれも相手にはしないでしょう。それというのも、もしそれを本当に確かめるとなったら、色々と手だてを講じて、最後は直接調査してみなくては分らぬからであります。もっとも、その山を自分が買うとでもいう場合なら、もちろん現場へ出かけていって調べなくてはなりませんが、そうでもないかぎり、その人間のいうことがうそかどうかを確かめるために、はるばる紀州の山奥まで出向く閑人は、この忙しい時代には一人も居ないでしょう。したがって「あの男のいうことは当てにならぬぞ」と、人々から言われ出したら、もうそれだけで、人が相手にしてくれなくなるわけであります。同時にその事は、その人間がもはや正しい道では食ってゆけなくなったということを意味しているわけで、これなら皆さん方にもお分りになりましょう。

以上わたくしは、「正直」という徳は、人間がこの世に生きてゆく上で、いかに大事な徳目かということについて、一おう申したつもりであります。ところが、これに対して人々の中には、「なるほど正直も良いことには違いないが、しかし馬鹿正直な人間になってはダメではないか」とか、中には「うそも方便というコトバもあるから」などという人もあって、おそらく皆さん方の中にも、こうしたコトバを耳にしたことのある人も少なくないでしょう。では、これに対してわれわれは、一体どう考えたらよいでしょうか。

その点については、わたくしは、次のように考えるのであります。まず第一の「なるほど正直も大事には違いないが、しかし馬鹿正直ではダメだ」というコトバですが、この点については、実はわたくし自身もそうだと思うのです。と申すと皆さんは、定めし意外に思われましょうが、しかしこの場合、馬鹿正直とは一体どういうことかと申しますと、それはあまりに正直というコトバに囚《とら》われて、他にもまだ大事な点のあることを忘れているために、そこからして、色々とさしさわりを生じる場合をいうのであります。たとえば、久しぶりにある人に逢ったという場合、その人が大へん老《ふ》けて見えたからといって、「あなた大へん老《ふ》けられたですね」などと、相手の気持ちも考えずに平気でいうのは、いわゆる正直というよりも、馬鹿正直というものでしょう。それというのも、相手の人から「近ごろみんなから老けたといわれるんですが、そう見えますか」などと尋ねられているわけではないのですから、相手の人の気持ちも考えずに、いきなりそんな事はいわなくてもすむことなんです。否、たとえ相手の人から尋ねられたとしても、それをどう表現するかについては、相手の気持ちをよく察して、その場にふさわしいような言い方をすべきでしょう。

そこで以上の事からして、われわれは自分の心にそう感じたからといって、それを相手かまわず手放しに放言することを以って、正直だなどと考えたら、それは大へんな間違いだということです。否、そればかりか、たとえ相手から尋ねられた場合でも、それが相手の人の気持ちを傷つける恐れのあるような場合には、その言い方はよほど慎重に考慮して、その場にふさわしいような言い方をすべきでしょう。

これに反して、人から自分のことを尋ねられた場合には、たとえ辛《つら》くても、なるべくありのままに正直に答えるべきでしょう。しかしこの場合でも、こちらの事を正直にいうことが、相手の人の気持ちを傷つけるような場合には、もちろん事実はいわねばなりませんが、その言い方は、よほど慎重にすべきでしょう。たとえば、商売などで大もうけをした人が、他の人から「こんどは大へんな大もうけをなさったそうですね」などと聞かれたような場合に、得意になって「エエ、そうなんですよ。もうかってもうかって、仕方がないほどです」などという人間は、実際にはないでしょう。そういう場合には事実は否定しないが、しかしそれをその場にふさわしいように答えるには、何といったらよいかというような処に、人間のたしなみとか、教養というものがあるといえましょう。そうした場合に、いわゆる大阪商人というものは、「まぁ、ボチボチという処です」と答えるとか聞いたことがありますが、さすがに長い伝統によって鍛えられただけあると、感心したものであります。

以上のようなわけで、われわれ人間は「正直の徳」を身につけるためには、一面にはひじょうな勇気がいるわけですが、同時に他の一面からは、相手の気持ちを察して、それを傷つけないようにする深い心づかいがいるわけであります。

（今日のお話は大へん面白かった。面白かったというよりも、大へん為になったと思う。それは「正直」などという問題については、「大切だ」ということは教えられても、何故大切かという点について、今日ほどハッキリと教えられたことは、これまで一度も無かったからである。）

# 第十二講――誠実ということ

今日も道服姿の名児耶先生は、校長先生の先導でご入室。そしておもむろに壇上に立って、今日のテーマを記されたのち、つぎのような詩をお書きになった。

ねがい　　坂村　真民

ひとりのなげきが
万人のいのちとなり
ひとりのよろこびが
万人のちからとなり

水のように清められ
雲のように高められ
虹のように色どられ

幼子のように
詩神の前に
ひざまづきたい

この詩は、これまでご紹介してきた詩と違って、直接坂村さんが、詩人としての自分の「ねがい」を述べられたものというべきでしょう。

そのうち、「一人の歎きが万人のいのちとなり、また一人の喜びが万人の力となるように」とは、戦後われわれ日本人の心の中に兆《きざ》しそめた広大な「願い」といってよいでしょう。しかしそれだけでは、詩としてはどうも不十分であります。というのは、詩はお説教とは違うからです。

そこでその点からして、それ以下が生まれたわけでしょう。そして「水のように清められ」といい、また「雲のように高められ」といい、さらに「虹のように色どられ」と歌われることによって、はじめて「詩」となったともいえましょう。さらにそれが、「幼子のように、詩神の前にひざまづきたい」と詠まれるに到って、いかにも坂村さんらしいという感がするのであります。

前回には、「正直」ということは、われわれ人間の社会的生活が成り立つための基礎というか、いわば土台石になっているという点について、お話したわけですが、同時にまたそれにつけ加えて、だからといってそれが、「馬鹿正直」といわれるものであってもならない、ということについても付言した次第でした。

ところで今日は、それに引き続いて、「誠実」という徳について、考えてみたいと思うのであります。と申しますのも、われわれ人間の徳目は、コトバが違いますと、それが如何によく似た徳目でも、やはりそこにはそれだけ色合い《ニュアンス》の相違があるからであります。現にこの「誠実」という徳について考えてみましても、なるほどそれは「正直」という徳目と、ひじょうによく似た徳のようにも思われますが、しかしだからといって、正直と誠実とをまったく同じものだとはいえないでしょう。それというのも、「正直」の徳には、前回にも申したように、「馬鹿正直」というコトバがありますが、しかし、「誠実」の徳には、これに類するコトバのないことによってもお分りでしょう。すなわち、「馬鹿誠実」などということは、まったく考えられないことでありまして、よほど例外的な人間が、しかもよほど例外的な場合以外には、絶対にないといってよいでしょう。そしてこの事は、たとえば辞典などに当たってみましても、馬鹿正直というコトバはあっても、「馬鹿誠実」とか、これに類したコトバのないことによってもお分りでしょう。

では「正直」と「誠実」とは、一体どう違うというのでしょうか。こういう点をハッキリ摑《つか》んでいるということは、われわれ人間にとっては、ひじょうに大事な事柄かと思うのですが、それにも拘らず、こういう点をハッキリ示しているような書物は、ひじょうに少ないというよりも、ほとんどないといってもよいほどであります。少なくともわたくしは、見たことも読んだこともありません。したがって、これからお話するのは、いわばわたくし自身の経験というか、自分の体験を、色々と分析したり比較したりして、お話するわけであります。

さて、そういう点から考えてみまして、第一に感じられることは、「誠実」という徳は、「正直」とくらべますと、そこには人間としての態度がよく打ち出されていると思うのであります。たとえば、「あの人はもともと正直な人なんだから――」といわれる場合には、もちろんそこには、そういわれる人自身の人生に対する態度が、ある程度意味せられていることは、申すまでもありません。しかしながら、これを「誠実」という徳と比較してみますと、誠実という徳のほうが、一そうその人の人間的な態度が表明せられていると言ってよいでしょう。すなわち「あの人は大へん誠実な人だ」という場合は、「あの人は正直な人だ」というよりも、一そうその人の人生に対する態度が窺われるといってよいでしょう。もちろん「あの人は正直な人だ」という場合にも、その人の人柄の窺えることは申すまでもありませんが、しかし「あの人は誠実な人だ」というほうが、一そうその人の人柄というか、人生に対する根本的態度が窺われるように思われます。

ではこの誠実という徳は、正直という徳と比べて、どういう点が違うかと考えてみますと、わたくしは今誠実という徳のほうが、より多くその人の人間的態度が窺われると申しましたが、それには誠実な人という場合、まずさし当たり考えられることは、その人の「言行の一致」ということが考えられるのであります。すなわちその人の言うことと行うことが違わない人――という感がいたすのであります。それというのも、われわれ人間は、口でリッパなことを言うのはらくですが、さて実際にそれを行うということになりますと、おたがいに容易なことではないのであります。そこで、言うことと行うこととの間にズレのない人、またはズレの少ない人に対して、人々はこれを誠実な人として、敬意をはらったり、尊重したりするわけであります。

このように考えて来ますと、誠実な人というのは、もちろん正直という徳を持っているわけですが、――と申すのも、わたくしたちは不正直な人間を誠実だとは絶対に考えないからです――しかし誠実な人というのは、たんに正直というだけでなくて、もっと広くあらゆる事柄をも包括していると考えてよいでしょう。つまり、ひとり正直という徳だけでなくて、あらゆる事柄に対して、その人の言・行に表裏がなく、つねに自分の言・行の間に、できるだけズレを生じないような努力を惜しまぬ人柄をさして、わたくしたちは「誠実な人」と言っているようであります。

そこでこの「誠実」というコトバの中には、正直ということ以上に、実行とか行為という色彩が強いと考えてよいでしょう。それというのも、正直ということは、主としてコトバに関わることが多くて、つまり自分のした事について人から尋ねられた場合、いかに言いにくくても、事実をありのままに「言う」ということであります。ですから誠実ほどに、その適用の範囲が広くはありません。同時に、その場合大事なことは、今も申すように、ありのままの真実を勇気をもって言うということなのであります。

ところが、誠実という方は、もちろん言うべきことをありのままに言うという場合も、決してないわけではありませんが、しかしより重大な点は、自分の言った事を、いかに辛くても、言った通りに行うということであります。それどころか、自分のなすべき事柄については、たとえ他人がそれを見ていようがいまいが、終始一貫してなし遂げるということであります。すなわちそこには、前に申した「言・行の一致」ということの他に、さらに持続するということも、ふくまれているわけであります。そしてこの持続ということは、たとえ人が見ていようがいまいが、その人の行いに、何らの変化もないということでありまして、この点こそ「誠実」の徳が、多くの人々の心を打ち、かつ尊敬せられるゆえんだと思うのであります。

このように誠実という徳目には、自分の言った事柄については、たとえ人が見ていようがいまいが、それらに関わりなく、やり続けるということが含まれているわけであります。そしてそこが、誠実な人が世の人々から信用せられるゆえんであります。したがって、自分のする仕事の手を抜くなどということは、もちろんありえないのであります。それというのも、仕事の上で手を抜くということは、人が見ているかどうかということによって仕事の加減をするということですから、誠実な人に、そういうことのあろうはずはないわけです。

したがって、人々から「あの人は誠実な人だ」といわれるような人は、結局物事をするのにつねに誠意を以って事に当たる人といってよいでしょう。したがって誠実な人というのと、誠意のある人というのとは、ひじょうに深い関係があるわけであります。つまり誠実な人とは、今も申すように、誠意を以って事に当たる人というわけであります。したがってこの誠実という徳と誠意ということとは、その根を一ツにしている一種の姉妹語といってもよいでしょう。ではどこが違うかと、しいてその相違を考えてみますと、誠意という場合は心を主とするに対して、誠実という場合は、もちろんこれも誠意が根本ではありますが、しかし、しいてその相違をいうとすれば、誠意という場合と比べて、より多く実行の趣が強いといってよいでしょう。

そこで、ここまで考えて来ましたから、さらに一歩をすすめて、それでは誠意と誠実とのつながりは、一たい何によるかと申しますと、それはこれら二種のコトバの根底には、「誠」というわれわれ人間における最もふかい根本的な徳が、予想せられているのであります。誠とは、儒教の教えでは「至誠」ともいって、人間の一ばん大事な根本の徳でありますが、しかしこれはまたわが国においても、「まごころ」といって、やはりわれわれ人間にとって一ばん大切な、根本の徳とせられているのであります。

ではこの「誠」とか「まごころ」とは、一たい如何なる徳をいうのでしょうか。これは、人間のあらゆる徳の根本になっている一ばん大切な徳ですから、一口には言い現わしにくいとも言えますが、しかしわたくしは、一ばん分りやすい説明としては、結局「天」に通じ、神のみこころに通じる心といったら、比較的よく分るんではないかと思います。つまり誠とは、天に通じる心であり、まごころとは、神のみこころに通じる心といったらよいでしょう。ということは、そこには人間の醜い心が消え失せているために、おのずから「天」の心に通うわけであります。また、汚ない自分勝手な利己心が無くなったために、しぜんに神のみこころに通う心となるわけであります。このように、人間として澄み切った心からする行いですから、誠意に発する行為は、おのずと人々の心を打つわけであります。

もっとも、ふつうに誠実な人といわれる人のすべてが、このように「天」の心や、「神」のみこころというものを考えて、生きている人ばかりとは言えないでしょう。しかしながら、かりに「天」とか「神」の立場から眺めたとしたら、誠意ある人の行動や、誠実な人の行いというものは、天ないし神によって是認せられ、さらには嘉《よみ》せられることでしょう。もっとも、このように言っても、皆さん方の中には、「自分には神があるかどうか分らない」といわれる人もいられるかと思います。しかしそういう人に対してては、わたくしは次のように申したいのであります。それは、もし神というコトバでは受け入れられないなら、この大宇宙の根底にはたらいている絶大な「力」に対して、人間はむかしからそれに対して、「神」とか「仏」とかいうコトバによってこれを表現して来たのであり、また儒教では、これを「天」というコトバによって表現して来ているのであります。したがって、わたくしは思うのです。もし皆さん方のうちに、「神」とか「仏」とかいうものがあるかどうか、自分にはよく分らぬと思う人があったら、そういう人は、この大宇宙の成立している根底にはたらいている「絶大な力」の存在までも、否定するのかどうか、おそらくそういう人はないでしょう。かりに万一あったとしたら、それはその人がまだ真剣に人生というものと取り組んでいないせいだという他ないと思うのであります。

（先週「正直」についてのお話で、ふかい感銘を与えられたわたくしは、今日のお話で、さらに色々と教えられ、考えさせられた。それというのも、これまで「正直」と「誠実」との違いを突きつめて考えたことなど、一度も無かったからである。）

# 第十三講——相手の立場になって

今日も道服姿の名児耶先生は、校長先生の先導でご入場になり、やがて壇上に立たれて、一礼の後、今日のテーマを記され、ついで次のような詩をお書きになられた。

かなしみは　　坂村　真民

かなしみは
わたしを強くする根
かなしみは
わたしを支えている幹
かなしみは
わたしを美しくする花
かなしみは
いつも湛《たた》えていなくてはならない
かなしみは
いつも噛みしめていなくてはならない

この前は「ねがい」と題する詩だったでしょう。そこで今日はその点も考慮に入れて、この詩をご紹介することにいたしました。

それというのも、前回のような、いわば広大な願いが達成せられるためには、その背後というか、むしろ根底において、人は色々な「悲しみ」に耐えつつ生きてゆかねばならぬからであります。

それは、わたくしたちの、この地上の生活は、大きく別けたら、結局「よろこび」と「かなしみ」とに大別されるのです。そしてそれをわたくしは、哲人スピノザによって、はっきりと教えられたのであります。

それゆえ坂村さんが、如何にすぐれた詩人だといっても、悲しい時がないとはいえないでしょう。否、考えようによっては、その心の底には普通の人以上に、深い悲しみの情を湛《たた》えていられるともいえましょう。しかも坂村さんのえらい点は、そうした悲しみの情に溺《おぼ》れたり、打ち砕かれたりしないで、むしろ逆に、そうした悲しみの情を、いわばいのちの糧《かて》として、力強く生きていられる点にあるといえましょう。そしてこの詩は、いわばそうした趣のうかがえる点に、その特徴があるといってもよいでしょう。

さて前回にはわたくしは、「誠実」という徳について、一おう自分の貧しい考えをお話したわけでありますす。ところでわたくしの考えでは、実際には、人間はこの「誠実」という徳さえ真に身についたら、もうそれだけでも、人としてリッパな人間になれるわけですから、考えようによっては、それ以外に、別に他の徳目とか、心がけなどの必要はないともいえましょう。しかしながら、われわれ人間というものは実際問題としては、このように単に一つの徳目さえ守っていれば、それでリッパな人間になれるとは、必ずしも言えないのではないかと思うのです。それに道理の上からいえば、「正直」という徳一つだけでも、それが本当にその人の身に溶け込んでいれば、もうそれだけでもよいわけで、それ以外に誠実だの勤勉などという徳目について、力説する必要はないともいえましょう。

ところが、それは道理の上からいうことでありまして、実際問題としては、われわれ人間がどうにか一人前の人間になるためには、ちょうど一つの石塊から丸い石の珠をつくるようなものでありまして、さしあたっては、まずそのうちの幾つかの角《かど》をとり、さらにはそれを色々な角度から、丸く丸くと——磨き上げてゆく必要があるのであります。またそのために、古来色々な宗教においても、それぞれ種々の教えが説かれているわけであります。否、それはひとり宗教のみではありません。むかしから多くのすぐれた人々によって、「人間としての道」ないしは「人間になる工夫《くふう》」というものが説かれているわけであります。

そうした意味からして、道理としては前回にお話した「誠実」という徳目一つでも、これが本当にわが身についたとあれば、もうそれだけで非常にリッパな人間になれるわけですが、しかし上に申したような理由からして、ここにはもう一つの大切な心がけとして、「相手の立場になってみる」という事について考えてみたいと思うのであります。わたくしは何時も思うことですが、どうもわれわれ人間の悩みは、結局すべての事柄を自分本位に考え、自分にとってつごうの良いように良いようにと考えるところに、一ばん深い根本の原因があるのではないかと思うのであります。

たとえば、皆さん方にしてからが、これまで親しかった友人との間に、何か気まずいことが起こったとしたら、結局それは、あなた方が事柄の処理にあたって、自分のつごうばかりを考え、それを相手に要求することから生じる場合が多いといってよいでしょう。しかもそれが一度や二度くらいなら、かりにその場では意見が衝突しても、間もなくそれはほぐれて来ましょう。しかしながら、そういう事をいつまでも繰り返していますと、いかに親しい間柄といっても、ついには相手もたまらなくなって、次第にあちらから遠のいてゆくということになりましょう。こういえば、おそらく皆さん方のうちにも、このような苦い経験をしたことのある人が多いでしょう。否、こうした苦い経験を一度もしたことのないという人は、絶無といってもよいでしょう。

さて、そこからして引き出されてくる一つの大事な心得は、題目にも書きましたように、われわれ人間というものは、その対人交渉において、つねに相手の立場を考えなければ、人との衝突は避けられないということであります。そしてこれは、このように人からいわれてみますと、ほとんどだれ一人として、これに反対する人はないでしょう。しかしながら、いざ実際問題となりますと、このように理屈としては分り切った事柄でありながら、実際問題としては、けっして容易なことでないことが分るのであります。では、それは一たい何ゆえでしょうか。

この点については、むかしからすぐれた宗教などでは、色々と深い教えがなされているようですが、それを今皆さん方にも、分りやすいように申してみますと、われわれ人間というものは、元来生まれつき、自分本位の立場から物事を考えるように生まれていると申してもよいでしょう。そしてそれはひとり人間のみならず、すべての生物に共通しているところの一種の自衛本能といってもよいか知れません。つまり動物などを見ますと、相手の事など考えてはいられず、とにかくわが身を守らねばならぬということが、すべての生物に最もふかく根ざしている本能といってよいでしょう。したがって前にも申すように、人によっては、これに「自衛本能」という名をつけている学者もあるわけであります。

ところが、われわれ人間の場合には、事はけっしてそのように簡単ではないと思うのであります。何となれば、われわれ人間は社会的な生物でありまして、自分ひとりでは、とうていこの世に生きてゆけないからであります。すなわち、われわれ人間は、おたがいに持ちつもたれつというわけです。そこで、もしわれわれが、いつも相手の気もちを無視して、自分本位の生き方をしていますと、社会はそれを許さなくなるのであります。もちろん、こうはいっても、最初から広い社会全体から除けものにされるというわけではありません。そうではなくて、最初は先ほども申すように、これまで親しかった一人の友人との間が妙なことになるわけですが、それを「自分が悪かった」とか、「あの君が怒ったのも、確かにムリはない」というふうに、あとで後悔して、その後の態度を改めれば、もともと気の合った友人同士のことですから、また元の親しさにもどりましょう。しかし、もし本人がそうした反省をしなかったとしたら、いかに親しい間柄でも、次第に遠ざかって行くことになりましょう。ところが、そうなってもまだ自分の方が勝手過ぎたということに気づかないばかりか、先方の悪口などを他の友人に言ったりなどしていますと、ついには先方もこちらの悪口を言いふらすようになるのであります。

ところが、如何でしょう。そういう相手が、かりに一人だけでしたら、まだそれほどのことはないにしても、さらに幾人かの友人との間が、同様の原因からして、いつしか気まずい関係になったとしたら如何でしょう。そうなりますと、あなた方は自分のクラスでも、いつしか孤立することになりましょう。つまり、これまで親しかった友人たちが、口をそろえて「あいつはいつも自分本位のことをいう勝手な人間だ」といううわさが立ったとなったら、もはやクラスの中でも、自分の味方というものはなくなるわけであります。

ところが、そういう状態がつづきますと、人間はいつまでもそうした孤立の寂しさには堪えられませんから、やがて不良の仲間入りをするようになるわけです。それというのも、まともな友人たちから相手にされなくなったとなると、われわれ人間は、その孤立感の寂しさに堪えかねて、いつしか自分と同じような、あぶれた友人に誘いをかけて、一種の不良グループをつくるようになりがちなのであります。それというのも、おたがい人間というものは、そうなりましても、自分一人だけの孤立や孤独の寂しさには、堪えられないためであって、こうした処にも、われわれ人間が、古来社会的存在といわれるゆえんがあるわけであります。

さて以上申して来たことから考えて、わたくしたちが人間として生きてゆく上で、もっとも大切な心がけの一つは、題目にもかかげたように、「相手の立場にたって」ものごとを考えるということであります。実際かく言うわたくし自身にしましても、決してこの心得がリッパに守れているなどとは申せませんが、しかし何か事にあたりますと「だが待てよ。自分としては、これはギリギリゆずったつもりなんだが、しかし相手の身になって見れば、これくらいの譲歩はむしろ当然で、本当はもう少しゆずってほしいのかも知れない」と、考え直してみるのであります。そうしますと、それまではいやいやゆずっていた事柄も、実は当然であって、相手から考えれば、まだまだ不十分だったという相手の気持ちが、しだいに分ってくるのであります。

そこで明らかになって来たことは、こういうわけですから、わたくしたちが、相手の立場になってみないうちは、実は物事を自分本位の立場から考えていたという証拠であって、相手との間に心の溶け合いが無かったのは当然であります。そして、それは、ただ今も申すように、実は物事を単に自分の側からばかり考えていたというわけであります。それどころか、自分としては、相当に相手の気持ちを汲んだつもりでいても、当の本人の立場からは、まだまだこちらの身勝手な主張だと考えている場合が多いと言ってよいでしょう。

では、こういうことは、一体どういう処からくるかと申しますと、それは前にも申したように、われわれ人間も、もとはといえば、生物の一種ともいえる一面がありますから、そうした動物時代に蒔きつけられたいわゆる「自衛本能」というものが、まだ消え去ってはいないからであります。すなわちわれわれは、自然のままの考えというか、普通の考えだけですと、どうしても相手の立場を考えてみるということになりにくいのであります。したがって、またこういうことも言えましょう。すなわち、わたくしたちが、もし相手の立場を考えなかったとしたら、その限りわれわれの考え方は、まだ動物的な段階から真に抜け切ってはいないというわけで、すなわち真に人間的な心情にはなっていないというわけです。

ところがわたくしたちは、平生はこのような事柄については、ともすれば考え及ばないで、とかく自分本位に考えがちであります。そして相手の立場になって考えてみるということをせず、自分本位の身勝手な考えで事を処理しようとするわけであります。そしてこの点こそ、実は世間における対人的な悩みとか、あるいはもつれの生じるほとんど唯一の根本原因といってよいかと思います。そしておたがい人間というものは、たとえどんな薄い幕《まく》にもせよ、それに隔《へだ》てられていますと、その幕の向う側のことは分らぬわけであります。同様に、双方とも、おたがいに相手の気持ちになって考えようとしないもの同士でしたら、物言いの起きるのは当然であって、むしろ起きない方が不思議といってもよいでしょう。

（今日のお話も、わたくしにとっては、大へんためになった。というよりも、大へん痛いところが多かった。それというのも、わたくしは、これまでどちらかというと、あまり深く相手の気もちを察するというような心構えに欠けていたからである。）

# 第十四講 ―― 毅然たるものを

今日も道服姿の名児耶先生は、校長先生の先導でご入室になり、やがておもむろに壇上に立たれて一礼の後、今日のテーマと、つぎのような詩を書かれた。

七字のうた　　　　　　坂村　真民

よわねを　はくな
くよくよ　するな
なきごと　いうな
うしろを　むくな

坂村さんという詩人は、ひじょうに豊かな才能にめぐまれた人で、それはその題材の多角的な点からもうかがえますが、さらにその詩型の上からいっても、ずいぶん色々な詩型が採られている点でも、そうといえましょう。

げんにこの詩などは、「七字のうた」ともあるように、七、七、七、七と、各行をすべて七字で切るようになっているわけです。こうした試みをしている人は、いわゆる詩壇と呼ばれるものに属している人の中には、絶無といってもよいでしょう。

ところで、ここに掲げたこの「七字のうた」は、「はくな。するな。いうな。むくな」というように、一種の命令形になっていますね。しかしこれは、他人《ひと》に対してというよりも、むしろ坂村さんご自身が、自分に対していわれたものといってよく、したがってこの詩は、いわゆる「自戒の詩」というべきものでしょう。

さて前回には、われわれ人間の悩みの多くは、否、ほとんどその大部分が、相手の立場になって物事を考えないところから起きるものだ、ということについて申してみたのであります。そしてそれは、自分としてはかなりな処まで、相手の立場になったつもりでいても、当の相手から見れば、まだまだ足りないという場合が多いのであります。そしてその原因をわたくしは、これまでの処では、われわれ人間には、広くすべての生物に通じる、一種の根深い「自衛本能」ともいうべきものがあって、そのためだと考えるのでありまして、たしかにそれに相違あるまいと思うのであります。

しかしながら、少しく角度を変えて、この問題について考えてみますと、われわれ人間に、このような自己中心的な考え方がどうしても抜け切らないのは、結局おたがいにこの「肉体」というものを持っているからだと思うのであります。ということは、われわれにこの「肉体」がある以上、われわれの物の考え方というものは、どうしてもそれによって制約せられずにはいないからであります。つまり、われわれの持っているこの肉体というものが、空間上ひとつの場処をしめ、それに対して相手もまた、その肉体によって、空間上ひとつの場所をしめているかぎり、この二つの肉体をもった人間同士が、たがいに対立して向き合っているわけですから、如何に相手の立場になって考えるといっても、どうしても不十分になり易いのであります。

そういうわけで、古来この地上の人間生活には、色々と悩みが尽きないのであります。ところがこのように、「おたがいに相手の立場を考えよ」ということを力説いたしますと、人によっては、「しかしあまりにそんな事ばかりしていると、男として意気地のない人間になりはしませんか」と反論する人もないわけではなく、現にあなた方の中にも、そういう事を感じている人もあろうかと思います。そこで、もしそうだとしたら、この問題は一体どう考えたらよいでしょうか。考えようによっては、この問題も前の問題に劣らず、重大な問題だともいえましょう。

そこで、今日はこの点について考えることにしたいと思いますが、わたくしの考えますのに、おたがい人間というものは、普通の場合には、とかく相手の立場になっては考えにくいものですから、原則としては、やはり「人間はできるだけ相手の立場になって考える」ということが、大切だといえましょう。しかしながら、物事には、例外的な場合がないとはいえないわけで、現にこの場合にも、やはり若干の例外的な場合がないとは言えないようであります。そしてその第一は、いわゆる実業というか商売の場合でありまして、この際には、やはりそう相手の立場ばかりを考えてはいられないわけであります。すなわち、最初のうちは、双方のいう値段にかなり大きなひらきがあったとしても、そのひらきは、おたがいに折衝《せっしょう》しているうちに、しだいに接近してきて、いつしか話の折れ合いがつくというのが普通であって、どんなに折衝しても歩み寄りができなくて、結局商談が不成立におわるという場合も、もちろん無いわけではありません。しかしそういう場合は、一般的には少ないといってよいでしょう。

では、それは何ゆえかと申しますと、商取り引きというものには、一般に相場というものがあるからであります。そしてそれが、商取り引きの一般的な基準になりますから、どうしても折り合いがつかぬということは、一般的にはあまり無いわけであります。ところが、商売上の取り引き以外の場合には、こうした一般的な基準というか原則が、もちろん無いわけではありませんが、しかし商取り引きの場合のいわゆる通り相場というように、明白にかつ客観的な、だれにでも分かるという形にはなっていないのであります。同時にその点が、一般的には非常にむずかしく、また大いに心を使わねばならないわけであります。その点いわゆる商取り引きというものは、非常にハッキリしたものであり、したがってまた大へんサッパリしたものだともいえましょう。つまり、数量的にドライに割り切ることが出来るのでありまして、その点では、世間で、なまじいな学者や宗教家、ないし教育者などより、むしろ苦労人の商人のほうが、はるかに物分りがよいといわれるのも、必ずしも理由のないことではないと思います。

そこで、話を元にもどして、われわれ人間は、つねに相手の立場を考えるということが大事だということの、例外的なもう一つの場合として、それは一つの組織体の中において、そのきまりを守らない人間のある場合でありまして、これなども例外的な場合であって、それぞれの責任者は、相手の立場を考えて、規則違反も大眼に見逃すがよいなどとは絶対にいえない場合があります。もっとも、そうした場合でも、注意の仕方などについては、ある程度考える必要はありましょう。しかしながら、だからといって注意をせずに、大目に見逃しておくということは、どうしても許されないわけであります。

かくして以上、商取り引きの場合と、今申した組織体の一員として、規則を守らなかったような場合とは、人間関係においては「できるだけ相手の立場になって考えるように――」という事が、そのままでは当てはまらない、特殊な場合といってよいでしょう。

そこで、ここまで話を煮《に》つめて来ますと、「できるだけ相手の立場を考えるように――」という、この真理の当てはまるのは、結局は普通一般の対人関係ということになるわけであります。ところで問題は、ではそのような一般的な対人関係の場合には、何らの例外もないかというと、実際には多少の例外はないとは言えないと思うのでありまして、この点を明らかにしないと、この高貴な真理も、真の威力はなくなるともいえましょう。

では、どういう場合かと申しますと、それは相手の人間が、こちらをなめて掛った場合であって、そういう場合には、われわれは、こうした一般的原則に囚われないで、毅然たる態度を以って事の処理に当らねばなるまいと思うのであります。だがこうは言っても、ではどういう場合を、相手がこちらをなめて掛ったと見てよいかということになりますと、これまた非常にむずかしい問題といってよいでしょう。それというのも、先にも申すように、一般の商取り引きでしたら、そこにはいわゆる物価という客観的な取り引き上の基準があって、それは一おう何人にも明白だといえましょう。ところが、人と人との対人的折衝《せっしょう》の場合となりますと、もちろんそうした基準が無いわけではありませんが、しかしそれは事柄の性質上、物価のように明白な客観的な基準ではないわけであります。そしてこの点こそ、この種の個人的な対人折衝のやっかいな点でありまして、世間の実情を見てみますと、相当の人でもこの点については悩みもし、またつまづきもしているようであります。そしてそれ故にこそ、むかしから、真理はつねに相手の立場を察することによって得られる、といわれてきたゆえんであります。ところがそれさえも、実際問題としては、時に例外的な場合がないわけでもないというのですから、いよいよこの現実界というものの、困難さを考えさせられるわけであります。

では、どういう場合をもって、例外的な場合と考えたらよいのでしょうか。今それを一おう理論的に説明するとしたら、必ずしも困難ではないでしょう。それは自分としてゆずるべき限界と、相手にも譲歩してもらわねばならぬ限界という、双方互譲の境界線まではゆずらねばならぬが、もしそれでも相手がどうしても承知しないで、さらにこちらの譲歩を強要する場合だといってよいわけです。これ先にわたくしが、相手がこちらをなめて掛った場合というような、妙な表現をしたゆえんでもあります。

ところが、こう言ってみても、問題は必ずしも解決したというわけではありません。何となれば、そのように双方の互譲の境界線というものは、かの商取り引きにおける物価のように、だれでも認めるような客観的な基準は、どこにもないからであります。それどころか、自分としては、自分のゆずれる限界線だと考えても、相手方としては、それでもまだ大いに不服だという場合が少なくないのであります。そしてそれは、たびたび申すように、われわれ人間には、生物としての根深い「自衛本能」があって、この場合にはそれが一種の利己的な主張として働いているからであります。

このように考えて来ますと、われわれ人間は、永久に救われないものだとも言えそうであります。同時にわたくしには、このように「われわれ人間は永久に救われない」という諦観《ていかん》を、おたがいに心の深い奥底では、つねに忘れぬようにすることが大切だといえましょう。同時に、われわれ人間にとって、もし「救い」というものがあるとしたら、このような諦観こそが、われわれ人間の真の「救い」ではないかとも思うのであります。そして先に問題としたところの、相手が自分をなめているかどうかということなども、このような諦観の英知によって、自然に照らし出されるのではないかと思うのであります。

同時に、本日題目としてかかげた「毅然たるもの」ということなども、その根本においては、結局こうした諦観と申しますか、真理への認識が予想せられるわけでありまして、それはつまり利己的な自分を斬り捨てて、その上に超出した点から出てくる真の剛《つよ》さというわけであります。では何ゆえわたくしが、このようなことを力説するかと申しますと、それは古来「男はつよさ、女はやさしさ」といわれているように、男子でありながら、イザという場合につよさの出ないような人間は、男としてのネウチのない人間だからであります。しかもそうした強さそのものは、結局これまでお話してきたように、自分と相手との双方の利害を越えた処から出てくるものでありまして、それはまた言いかえれば、「これよりほか解決のみちはない」ということのハッキリした真の認識からのみ生まれてくるものであります。同時にまた、このような一点が頭ではよくわかっていながら、なおかつイザとなると、どうしても毅然たる態度に出ることができないとしたら、それはその人間がまだ観念的であり、頭でっかちな意気地のない人間だからでありまして、どうもへたな学問をして、理屈ばかり頭につめこみますと、ともすれば、そういう人間になる恐れがありますから、皆さんたちも、大いに気をつけて頂きたいと思います。

(どうも自分は男子でありながら、意気地なしのせいか、これまで「毅然とした」態度などというものは、あまりなかっただけに、今日の名児耶先生のお話には、大へん教えられる処があった。）

# 第十五講——コトバの慎《つつ》しみ

今日も道服姿の名児耶先生は、校長先生の先導でご入場。やがて壇上に立って一礼ののち、今日のテーマと、つぎのような詩をお書きになった。

墓の中にはいない　　　　坂村　真民
わたしは　墓の中にはいない
わたしはいつも　わたしの詩集の中にいる
だから　わたしに会いたいなら
わたしの詩集を　開いておくれ

この詩には「まえがき」はありませんが、どうもお子さんを対象にして、詠まれたものではないかと思われます。どういう点からそう思うかと申しますと、それは「わたしに会いたいなら、わたしの詩集を開いておくれ」とある点です。つまり身内の人に対してでないと、いえないような親しみのあるコトバだからです。

だが、それにも拘らず、坂村さんがこの詩で言っていられることには、一種の普遍的な真理があるといえましょう。何となれば、人間はひとたび死んで墓に納められれば、そこにあるものは、実は一にぎりの灰に過ぎないわけで、そこにその人の精神がこもっているとは、実は言いかねるのでありま す。

同時に、そうした意味からいえば、もしその人が生前リッパな書物を書いていたら、その人の精神はその書物の中にハッキリと生きているわけでありまして、墓の中には居ないのであります。しかもこれは、詩人の場合にはとくに切実に当てはまるといえましょう。何となれば、すぐれた詩集は、どんな書物よりも多くの人々に、しかも幾たびもくり返して読まれるからであります。いつか一度申したかと思いますが、わが国では、詩人はその生前、現世的にはあまり恵まれませんが、それだけに死後は永く読まれるわけでありまして、こうした点からも、「天」はヤハリ公平だと思うのであります。

前回においてわたくしは、われわれ人間がその日常生活において、とかく苦しみや悩みが多いのは、その一ばん根本の原因としては、結局われわれ人間というものは、とかく物事を自分本位の立場から考えて、相手の立場になってみるということの欠けやすい処からくる場合が多く、否、わたくしたちの対人的な悩みの大方は、そこに真の原因があるといって良かろうと思うのであります。かりにわたくしたちとしては、一おう相手の立場を考え、その気持ちになったつもりでも、われわれ人間の根深い「自己中心主義」が、そこにもその影が射して、真に相手の立場になって考えるということは、実際には、なかなか容易なことではないのであります。しかしこの問題は、まったく際限のない問題ですから、一おうこの程度にするとして、今かりにある程度相手の立場になってみたとしても、その場合もしわれわれが、相手に対するコトバ使いに注意しなかったら、すべては打ちこわしになってしまうのであります。

それというのも、われわれ人間の心は、色も形もありませんから、もしこちらがそのコトバ遣いに気をつけなかったら、たちまち相手の心を傷つけることは、火を見るよりも明らかであります。それ故むかしから、卓《すぐ》れた人たちは、いずれもコトバの問題については、ひじょうにこれを重視しているのであります。

さて、このように、人生におけるコトバの意味を重視したものとして、まず心に浮ぶのは、「易経」という中国哲学の根本的な書物の中に、「修辞立誠」というコトバがありますが、これは日本流に読みますと、「辞《ことば》を修《おさ》めてその誠を立てる」というのでありまして、つまりわれわれ人間が「誠」という徳を自分の身につけるには、まずコトバを修めることから始めなければならぬという意味であります。そういたしますと、人間として一ばん根本の徳ともいうべき「誠」の徳さえも、コトバを離れては身につかないということでありまして、つまりわたくしたちが平生何気なく使っているコトバというものが、実はわれわれ人間にとっては、それほど重大な意味をもっているわけであります。

ところで、コトバの意味を、古来もっとも重視した人は、一たい誰だろうと、もし尋ねられたとしたら、わたくしは、何らのためらいもなく、それは他ならぬ良寛だろうと答えるでしょう。こう申したら、皆さん方のうちには、不思議に思う人が少なくなかろうと思いますが、しかしそれには証拠があって申しているのであります。では、その証拠とは一たい何かと申しますと、それは、良寛には「戒語」というて、自分に対する幾つかの戒めが、箇条書きになっているのであります。それは全部で九十ヶ条にも及んでいますが、しかも驚くべきことには、それらのうちほとんどが、直接間接に、コトバについての注意でありまして、わたくしが、はじめてこのことを知ったのは、三十代の後半のころでしたが、これにはわたくしも驚いたのであります。ですからわたくしが、良寛にこの「戒語」という戒め書きのあることを知ったのは、今からおよそ二十年以上も前のことになりますが、最近もそれを読み直してみまして、当時の驚きの念を新たにしたのであります。

今ここでは、それらの一々についてお話している暇《いとま》はありませんが、しかしそれがどういう調子のものかということの一端だけは、ゼヒ皆さん方にご紹介したらと思うのであります。そのうち何ら説明を要しないほどに、一おう誰にも解るものを少し挙げてみますと、

良寛の「戒語」より

一　ことばの多き
一　さしで口
一　手がら話
一　はなしの長き
一　へつらう事
一　あなどる事
一　おしのつよき
一　口のはやき
一　学者くさき話
一　風雅《ふうが》くさき話
一　さとりくさき話
一　物言いのはてしなさ
一　人に物くれぬ先に何々やろうという
一　はなであしらう

以上は、皆さん方でも、すぐに分かるような事柄ですから、一々説明する必要はないと思います。そ

こで次には、これらにつぐと思われるものを挙げてみますと、

一　人の物いい切らぬうちに物いう
一　物いいのきわどき
一　しめやかなる座にて心なく物いう
一　己が氏素姓の高きを人に語る
一　ついでなき話
一　子どもをたらす
一　ことわりのすぎたる
一　その事をはたさぬうちに此事をいう
一　さしたることもなきを、こまごまという
一　都言葉などをおぼえしたり顔にいう
一　よく物のこうしゃく（講釈）をしたがる
一　老人のくどき

これらの事柄についても、かくべつ皆さんに分かりにくいということはないでしょう。しいて申せば「物いいのきわどき」とは、いわゆるドギツイ言い方をするということでしょうし、「ついでなき話」とは、今まで話していた事とは何の関係もない話をはじめるということでしょう。また「その事をはたさぬうちに此事をいう」というのも、それとやや似ていて、つまり一つの話をしかけていたのに、その話の切りのつかないうちに、他の事を言い出すということでしょう。ただこの中で、ちょっと意外な感じのするのは、あの子ども好きといわれる良寛に、「子どもをたらす」という一項の入っていることは、注意すべきでしょう。これは相手が子どもだからといって、下に見下して、いい加減な態度をとるなという事と考えたらよいでしょう。

以上で不十分ながら、良寛の「戒語」の話は了《おわ》るとしまして、次にコトバを重視した人の一人として、

わたくしは、慈雲尊者のことを思わずにはいられないのであります。ところで、この慈雲尊者という方は、徳川時代の中期に現われた一流の名僧で、大へんリッパな方でありまして、わたくしは、この方を道元禅師や親鸞聖人などに劣らず、尊敬しているのであります。

ところが、この慈雲尊者の代表作に「十善法語」という書物がありますが、ここに「十善」とあるのは、人間として守るべき善行を十カ条挙げていられるのであります。ところで、その十種の善行の中に、コトバに関するものが四つも入っているのは、これまた大きな驚きであります。尊者のお考えでは、ここに挙げられている十カ条の根本的な心得を守りさえすれば、それだけで一おう人間としては十分だと、おっしゃられるのであります。ところが、その十カ条の中に、コトバに関する注意が四つも入っているのでありまして、これによってもコトバというものが、われわれ人間にとって、如何に重大な意味をもつものかということが、皆さん方にもお分りになりましょう。まことに驚くべきことと言ってよいと思います。

では、慈雲尊者の挙げていられる、コトバに関する心得とは、どういうものかと申しますと、それは㈠不妄語《ふもうご》、㈡不綺語《ふきご》、㈢不悪口《ふあっく》、㈣不両舌《ふりょうぜつ》、という四つの戒めであります。そのうち、最初の不妄語というのは、いわゆるウソいつわりを言わぬということでありまして、この点についてはわたくしも、すでに「正直」というところで、それが如何に大切な人間的な土台石になるかという点について申したわけであります。では次の不綺語とは、一体どういうことかと申しますと、不綺語の綺というのは、飾るという意味であります。そこでこの不綺語という戒めは、コトバをあまり飾らぬようにということであります。すでに「論語」にも「巧言令色鮮し仁」というコトバがありまして、どうもコトバを飾る人間には、誠実な人は少ないというのであります。

そこで次は「不悪口」の戒めですが、この戒めは読んで字のごとく、他人の悪口を言わぬという戒めであります。ところがこの戒めも、もしこれをほんとうに守るということになりますと、非常にむずかしいことだと思うのであります。もちろん、当人がその場にいる場合には、一おうは誰でも守れますが、本人がその場にいない場合に、しかも他人からその人の噂《うわさ》が出たとき、その人の悪口にわたるようなことは言わぬということは、普通に人々が考えているより、はるかに困難なことだということは、少しく自己を内省する人でしたら、よく分るはずであります。

それにつけても、思い出されるのは、作家の森鷗外が、自らの戒めとして、他人のことをいう場合には、その人がそこにいるつもりになって言うがよい。そして本人がその場にいたら言わないような事は、たとえその場に本人がいなくても、言うべきではないと言っているのを読んだことがありますが、「さすがに——」と思って、自来二十年ほど歳月のたっている現在でも、なお忘れかねている次第です。

そして最後の「不両舌」の戒めですが、これは分りやすく申しますと、人に告げ口をしないようにという戒めでありまして、これは数多いコトバに関する戒めの中でも、もっとも心して、深く慎しまねばならぬ戒めといってよいでしょう。もっとこれを分りやすくいえば、AがBの悪口を言っていたのを、本人のBに伝えたり、またBがAの悪口を言っていたのを、本人のAに伝えるというのが、いわゆる「両舌」でありまして、こんな事をされたのでは、いかに親しい間柄でも、しだいに離れてゆくのは止めようがありません。それゆえ、コトバに関する戒めの中で、これほど大事な戒めはないと言ってよいでしょう。ですから、この「両舌」というのは、全く悪魔の所業といってよく、それはまさしく「悪魔のコトバ」といってよいでしょう。ですからわたくしたちは、少なくともこの「両舌」という悪魔のまねだけは、生涯に一度も犯さぬようにしたいものであります。

（これまでコトバづかいが大事だといわれても、一こうピンとこなかったが、今日の名児耶先生のお話で、コトバというものが如何に大切かということが、はじめてよく分った。とくに良寛というような人が、あれほどコトバに心を遣っていたなどとは、まったく夢にも考えたことはなかった。）

# 第十六講——読書・反省・実践

今日も道服姿の名児耶先生は、校長先生の先導でご入場。やがておもむろに壇上に立って一礼の後、今日のテーマと次のような俳句らしいものをお書きになられた。

山頭火

大正十四年二月、出家得度し、肥後の片田舎なる味取観音の堂守となる

松はみな枝垂《た》れて南無観世音
松風に明け暮れの鐘《かね》撞《つ》いて
ひさしぶりに掃《は》く垣根の花が咲いてゐる
生死の中の雪ふりしきる

前回までは、坂村真民さんの詩集の中から、わたくしの好きな詩をご紹介してきましたが、今日からはひとつ「山頭火」という放浪俳人の句をご紹介したいと思います。

ところで、皆さん方の中で、「山頭火」という名前を知っている人は、ひとつ手を挙げてみて下さい。——（といわれると、数十名が手を挙げる）ああ、そうですか。大したものですね、知られている人も知っている人も——。

ところで、この山頭火は、俳人とはいっても、普通の俳人とは違い、ひじょうに数奇《すうき》な生涯を送った俳人で、十数年という永い間、食を乞いつつ西日本の山河をへめぐった、いわば漂泊の俳人であり、さらには行乞の俳人といってよいのです。

山頭火の生まれは山口県の防府で、家はもと大地主でしたが、父親の酒造業が失敗し、また母親はかれの十一歳の年に非業の死をとげたのでした。そしてその後多くの波瀾の後、四十四歳の時ついに出家して、熊本県下の味取《みとり》という小さな観音堂の堂守りとなり、その時の感慨を詠んだのが、上にかかげた句です。

なかなかいいでしょう。どの句もそれぞれ独特の味わいがあって――。とくに最後の句は無限の味わいがあって、とうてい普通の人には詠めない句といえましょう。どうぞ心ある人は、たとえ一つでもよいから暗記するようにして下さい。

前回わたくしは、われわれ人間において、コトバというものがいかに重大な意義をもっているかということを、色々な面から考えてみたのであります。そして最後に、コトバに対する戒めのうち、最大なるものとして、「両舌」すなわちつげ口について申したのでした。つまりこの「両舌」というものは、いわば舌という刃物によって、それまで親しかった二人の人の間を切り割《さ》くにも似た所業であり、文字通りこれは「悪魔」のコトバであって、とうてい普通の人間にはできることではないのであります。しかるに慈雲尊者ほどの方が、ふかくこれを戒めていられるのは、やはり世の中の実情を見ると、やはりこうした悪魔的な所業をする人間が、必ずしも無いとはいえないからでありましょう。

そこで、一つの問題は、では、われわれ人間というものは、一体どうしたら、そういう悪魔のような所業をする気になるのでしょうか。その場合わたくしには、二つの場合が考えられるのであります。そしてその一つは、いわゆるはしたないと申しますか、あるいは心なきやからが、自分のそうしたはしたない所業によって、そこにどのような深刻な事態が引き起こされるかも考えずに、ついはしたなく口走るという場合でしょう。しかしわたくしは、それ以外にももう一つ、きわめて悪質な場合があると思うのであります。そしてそれは、前の場合とは違って、はじめからその結果を見通してなされる「両舌」でありまして、すなわち二人の人間の間を切り割こうとする、人間としてもっとも悪質なたくらみによって為される場合でありまして、これこそ文字通り悪魔の所業といってよいでしょう。

そこで、皆さん方の中には、では一体どうしたらわれわれは、そうした過ちに陥らないようにすることができるかと、お尋ねになる方もおありかと思いますが、それに対するわたくしの答えは、一おう明白といってよいのであります。では、それはどういう事かといえば、結局読書がその第一の手掛りになると言ってよいでしょう。もっともこう言っても皆さん方の中には、「自分なんかは、本など読んでみたって、なかなかそうはなれそうにない」といわれる人もあるかも知れません。同時にわたくしとても、そう言われる方の気持ちが分らぬわけでもありません。何となれば、普通の本をいくら読んでみたって、人はすぐにそうした気持ちになれるものではないからであります。

では一歩をすすめて、一体どういう本を読んだら、そういう気持ちになれるかと申しますと、それには何といっても、宗教的な書物を読むことによってわたくしたちは、次第にそういう気持ちに導かれると言ってよいでしょう。しかしこのように申したからといって、わたくしは皆さん方に対して、すぐにこれから宗教的な本を読むがよいでしょう——などと申すつもりはありません。なるほど、これだけ大ぜいの人がいられるんですから、皆さん方の中にも、どなたかにすすめられて、すでに宗教的な本を読みかけている人も、無いわけではないでしょう。たとえば、皆さんたちもご存じの内村鑑三先生の「後世への最大遺物」だとか、あるいは「余はいかにして基督信徒となりしか」などという書物は、もし皆さん方にして読もうという気持ちさえあれば、すぐにでも読むことのできる、もっともすぐれた宗教書といってよいからであります。

しかしながら、わたくしとしては上にも申すように、皆さん方のようなわかい人々に対して、「どうせ本を読むなら、ムダ道などしないで、最初から宗教書を読むがよいですよ」などと申すつもりはありません。それどころか一般的には、あなた方のような年若い人々は、何も最初から宗教書などといわないで、なるべく広く色々な書物を読むことをおすすめしたいと思います。何となれば、われわれ人間は、できるだけ多くの人の心の察しのつくような人間になることが望ましいからであります。そしてそれには、何といっても色々な書物を、なるべく広い範囲にわたって読むことが必要だからであります。

そこで、わたくしとして取りあえず、皆さん方に申したいことは、「学校の勉強以外の時間は、できるだけ多く読書に当てて下さい」と申したいのであります。同時に、わたくしのコトバの背後には、「そのためには、テレビを見る時間を極力切りちぢめるようにして――」という願いがこめられているわけであります。テレビの弊害については、すでに先生方はじめ、多くの方々から聞かされているでしょうが、人間はテレビにばかり時間をとられて本を読まないでいると、結局ウスッペラな人間になる他ないというわけです。そしてそれは、人はテレビを見るには何ら努力の必要はなく、その上テレビによってわれわれが見るのは、たんに色と形と、そしてごく簡単な説明だけだからであります。ですから、その平板《へいばん》なことは、いわばマン画とよく似ているといえるのであります。現在皆さん方は、家へ帰ってからもかなりな時間を、学科の勉強のためにかけねばならぬわけですから、それ以外に本を読もうとすれば、どうしたってテレビを見る時間を、極力切りちぢめる以外に方法はないからであります。

わたくしは時々思うのですが、現在中学から高等学校にいる人々の運命は、その人がどれほどテレビに巻き込まれないで、これを征服するか否かによって、大よその見当はつくといってもよいでしょう。もっともわたくしがこう申しますと、「でも将来テレビを専門とする道を進むんなら、そうでもないでしょう」という人があるかも知れません。しかしそれこそとんでもない見当違いというものです。何となれば、今日テレビの製作などに従事している人々は、ひじょうに素質の冴えた人が多くて、もちろん大学を出ていない人など一人もいないでしょう。

以上によってお分りになったかと思いますが、もし皆さん方の中で、将来いっかどの人間になって、多少なりと社会的に貢献したいと考える人は、現在テレビを見る時間を極力ちぢめて、その時間をできるだけ学校の勉強と、読書に当てるがよいと思います。すなわち学校の勉強以外にも、好きな書物をなるべく多く、かつ広く読むようにされるが良いでしょう。それというのも、一人の人のもっているその人生の内容は、結局その人が自ら経験したことと、もう一つは書物によって得たものとの総合といってよいからであります。

以上わたくしは、皆さん方に対して、今のうちにできるだけ多くの本を読むようにとおすすめしたわけですが、それは唯今も申すように、これからの読書は、皆さん方の将来の人生内容のほぼ半ばを形成すると言ってよいからであります。否、読書の力は、ひとりそればかりではなく、せっかく深刻な人生経験をした人でも、もしその人が平生本を多く読んでいなかった場合は、その人はせっかく自分が経験した人生経験でありながら、その意味を、十分に嚙みしめることが出来ないからであります。それというのも、読書というものは、いわばその人の人生経験の内容と、その意味を照らし出す「光」といってもよいからであります。

ここまで申して来てわたくしは、さらに一歩進めて、真の読書というものは、その人がこれまで経験してきた事柄の一切を綜合し、さらにはそれを統一することが出来るようでありたいと思うのであります。しかしながら、これは仲々むつかしい問題ですが、しかし皆さん方が将来この学校を卒業された後も、ずっと読書をつづけてゆかれますと、しだいにこうした目標に近づくことが出来るのであります。実際われわれ人間にとって、ある意味でもっとも大事なことは、上に申したように、生まれてから今日に至るまで、自分の経験してきたあらゆる人生経験の意味をふかく嚙みしめて、それが十分に統一せられているという事でしょう。そしてそれには読書というものが、絶対に欠くことの出来ない深い必然性をもつのであります。

ところが、今わたくしの申した事、すなわちわれわれ人間が、生まれてから今日まで経験してきた多くの事柄の意味をよく嚙みしめて、それがいつも自分の生命の中に溶け込んでいるような人間になるということは、ある意味では、われわれ人間にとって、一つの理想といってよいでしょう。しかもそれには、読書が絶対に不可欠なのであります。そしてその場合、宗教的な書物を読むことの意義は、特に大きいといえましょう。

それというのも、われわれ人間の読書の真の中心は何処にあるかといえば、結局それは、自己というものをつねに内省できるような人間になるということだからであります。そしてここに内省するとは、ある言い方をすれば、自分の姿を、他人から見られているように、我とわが心の中に映して見ることだと言ってもよいでしょう。わたくしは、嫉妬というものは、われわれ人間にとって最も根ざしの深い罪悪だと思いますが、しかもそうした嫉妬の念を超えるために、一ばん有力な方法は何かというと、それは結局、自分が嫉妬の情のために、平常心を失っているわが姿の醜さを、わが心の鏡の中に映し出して、徹底的に追求の手を弛めぬことではないかと思うのであります。

同時に、ここまで申して来てわたくしは、われわれにおける読書というものの意味が、一おうハッキリと突き止められたという感がするのであります。それはどういうことかというに、結局わたくしたちは、平生読書を怠らぬことによって、つねに自己に対する内観を深め、それによって、真の正しい実践のできるような人間になる事だといってよいでしょう。同時にわたくしがここに、単に「内省を深める」とだけいわないで、それによって正しい実践のできるように——というのは、われわれ人間は、単なる内省だけではまだ不十分でありまして、どうしても実践という処まで行かねばならぬからであります。何となれば、内省というものは、いかにそれが深くても、もしそれが何らかの意味で実践とならない以上、まだ一種の観念的な域を脱していないからであります。

もっとも、こうは申しても、人間はその人が真に内省に徹したならば、どうしても実践せずにはいられないはずであります。そしてそこに、内省と実践との深い一如の関係が成り立つわけでありまして、もし内省だけで実践にまで到らないとしたら、それは内省といっても、まだ不十分なものと言ってよいでしょう。しかし普通の考え方からすれば、われわれ人間は、まず読書から出発して、やがてしだいに自己の内省から、内観に導かれるようになり、そして最後にそれが実践として発動し、結実するといってよいでしょう。すなわち題目にも掲げたように、読書・反省（内観）、そして実践という三段階は、われわれが人間として進歩し深められてゆくプロセスといってよかろうと思うのであります。

（先生、キレイに板書を消されて、一礼の後、しずかに壇を下り、校長先生とご退場になられた。）

# 第十七講——試験について

今日も道服姿の名児耶先生は、校長先生の先導でご入場。やがておもむろに壇上に上られ、一礼の後、今日のテーマと共に次のような句をお書きになった。

山頭火

分け入っても分け入っても青い山
しとどにぬれてこれは道しるべの石
炎天をいただいて乞ひあるく
踏みわける萩よすすきよ
木の葉ふるふる歩きつめる

前回から、漂泊放浪の俳人、山頭火のご紹介を始めましたが、前回の句は、かれが出家して味取観音の堂守りとなった時の感慨を詠んだ句でした。

ところが、もともと放浪性をもっていた彼は、いつまでも堂守りの生活には耐えられなくなり、やがて檀家の人々の引き止めるのを振り払って、行方定めぬ漂泊の旅に出たのでした。

ここに掲げた句は、そのような漂泊の旅の途上で、かれの詠んだ句なのです。

初めの句は、旅に出た最初のころの句ですが、九州の春は早くて、若葉から青葉へと移りゆく山々を、かれは唯ひとり、行方定めぬ行乞《ぎょうこつ》の旅をつづけたのであります。

次の句は、そうした旅の中では、時々村雨に出あうこともあって、笠も法衣もズブぬれになると、道しるべの石もまたしとどにぬれて立っている。そこで、「お前もやはりずぶぬれなんだナ」とでもいう処でしょう。

次の句は、山の若葉は青葉に変り、やがて夏ともなれば、家々を乞い歩くことも容易なことではないが、しかし堂守りを捨てたかれは、もし行乞をしなければ死ぬ外ない身です。それ故いかに猛暑の中でも、炎天をいただいて乞い歩く他ないのです。そうしている間にも、四季は廻って秋ともなれば、一面に萩やすすきの高原に出ることもあるわけです。しかしそれも永くはなくて、やがて天地は冬に入り、降るように木の葉の散る山路を、ただひとり旅する山頭火だったのです。

前回には、読書の重要性から話をはじめて、人間は読書の進むとともに、しだいに自己を反省し内観するようになり、その結果はやはり実践ということになったのでした。それというのもわれわれ人間は、たんに心の中で考えているだけでは不十分で、どうしてもそれを行為として外に現わさねばならぬからであります。もっとも、その現われ方については、事柄しだいで色々な仕方があるわけで、自分の考えを、書物として書きあらわすなどということも、やはり広い意味では一種の実践といってよいでしょう。もちろんそれとは正反対に、肉体的な労働こそ真の実践だということは申すまでもありません。しかし広い意味での実践ということになりますと、他にもまだ色々な実践があるともいえましょう。そこで今日はひとつそれらの中から試験という問題を取り上げて考えてみたいと思います。

それというのも、皆さん方のように、生徒として現在中学や高校に学んでいる人々にとっては、この試験という問題は、一つの避けられない事柄ですから、それに対して一体どういう心構えで立ち向かうべきか、という問題について考えてみることも、現在の皆さん方にとっては、ある意味では一つの大事な問題といってよいでしょう。いわんや試験というもの自体に、一体どのような意味があるのか、さらにはわれわれの人生において、それは一体どの程度の意義や価値があるかという事など、色々と考えてみる事柄が少なくないと思うのであります。

では、最初にまず試験というものは、一体どういう意味があるかという問題から考えてみることにいたしましょう。さてそれについて、まず試験というような、ある意味ではいやなことが――だれも試験が好きだと思う人はないでしょうが（一同笑）――一たいどうして行われるかということが問題でしょう。それというのも、この世の中には、全然無意味なことというものはないと考えてよいからであります。もし如何なる点から考えても、絶対に無意味だと思われるような事がもし行われているとしても、恐らくそれは、かつては確かにその意味があって行われて来たものが、時代の変化と共に、しだいにその意味が薄れてきたというわけでしょう。

では、「試験」というものはどうかというに、もちろんこれもその必要があって始まったわけですが、現在も行われて、一こう廃止されそうにないということは、やはりそれだけの意味があるからではないでしょうか。では一歩をすすめて、試験というものに、一たいどのような意味があるというのでしょうか。かく考えて、まず心に浮ぶのは、教える側の立場から申しますと、自分の教えた事柄が、教えられる側の生徒において、一体どれほど理解せられているかどうか、ということを確かめる必要からだといえましょう。それというのも、もしそれが、予想していたのと余りにひどくかけ離れていたとしたら、教師としてはその教え方その他について、深く反省して改める必要があるからであって、これは全く当然な事といってよいでしょう。

では、これに対して教えられる側においては一体どうでしょう。理屈からいったら、生徒の側からも、自分としては最近かなりガン張って勉強し出したのだから、この辺で自分の実力がどれほどついたか、ひとつ試《た》めしてみたいと考え、自ら進んで受験を申し出てもよいわけですが、そんな生徒は、もちろん一人もないといってよいでしょう。それというのも、人間というものはいやな事柄は、できることならこれを避けたいと思うものだからであります。

では試験というものは、一体どうしてそんなにいやなのでしょうか。それについては、わたくしは大たい三つの原因があると思うのであります。その一つは、何といっても、骨が折れるということでしょう。実さい一学期間教わった内容を、真に理解して身につけるというには、非常な努力を要することであります。否、一おう記憶するというだけでも、大へんな骨折りであります。次に試験のイヤな第二の理由としては、自分のありのままの実力が、あまりにもハッキリとそこにさらけ出されるからでしょう。それは丁度やせっぽちの人間が、素裸にされて、大ぜいの前に立たされるみたいで、どう考えてみても、いやなわけであります。そして最後にもうひとつイヤな原因としては、それによって序列というか、席次などのつけられる場合であって、これによって試験がイヤだということの最後のとどめが刺さったというわけでしょう。

このように試験というものは、どの面から考えてみても、一おういやな事ばかりであります。かりにいわゆる優等生といわれるような人にしても、けっして試験が好きだという人はないはずです。それというのも、いかに良く出来る人だといっても、試験となればやはり骨を折らなければなりませんし、そのうえ席次という点でも、優等生同士の競争があったりして、前より何番下がったとか上がったというようなわけで、どんな優等生でも、試験が好きだというような人間のあろうはずはありません。

それどころか、この試験というものは、ひとり中学時代にあるだけでなくて、高等学校に入ってからもやはりあるわけですし、否、高等学校のほうが、試験はさらにきびしくなるといってよいでしょう。それがさらに、大学にでも入ったとなれば、試験にはいよいよそのきびしさが加わってくるわけであります。

ところが、実はそれだけでなく、学校を卒業して社会人となってからのことを考えても、やはり形を変えた一種の試験はあるわけであり、否、世の中へ出てからの試験は、学校時代の試験より、さらにそのきびしさの度が加重せられるといってよいでしょう。何となれば、社会へ出てからの試験は、いわば毎日が試験であって、学校時代のように、一学期間にせいぜい二・三回ですむというような、そんな悠長なものではないのであります。否、職業によっては、文字通りその日その日が試験であり、さらには決戦の連続というような職業もありましょう。

このように試験というものは、どうもいやなものでありながら、人生はどこまでいっても試験から免れられないとしたら、わたくしたちはこの試験に対して、一体どのように対処したらよいでしょうか。この点については、皆さん方もこの際ひとつ真剣に考えて、自分なりの態度決定をされる必要があるのではないかと思います。つまりそれほどいやな事でありながら、どうしても避けられないとしたら、やはり自分として心の腰のすえ方を研究する必要があるわけであります。

それについては、まず試験というものは、一たいどれほどの意味があるかという点を、この際ハッキリさせる必要がありましょう。同時に、その点についてわたくしの考えますには、試験というものは、なるほどそれによって、ある程度自分の知識を確かめることには役立つといえましょう。したがってまた、そのために、ある程度その人の実力が増すということも事実でしょう。しかしわたくしには、それに絶対的な価値があるとはどうも思えないのでありまして、あくまでそれは、「ある程度は」ということであって、決して絶対的なものとは思えないのであります。

その上に、もうひとつ大きな問題としては、そこからして試験によってつけられた点数は、その人の人間的な真の点数ではないということであって、この点は実に大事な点だと思うのであります。それというのも、世の中へ出てから物をいう、その人の真の人間点というものは、その人の人物とか手腕というものが、大きく物をいうのであって、その人が学校時代に、どんな点をとっていたかなどということは、それほど問題ではないわけであります。

ところが、ここで大事なことは、それなら学校の試験なんか、チャランポランにしておけばよいかというに、そうはいかぬという事です。したがって、皆さん方としても、この点については、とくに考えておく必要があろうと思います。では、それは一体どういうことかと申しますと、ハッキリいって、試験の成績がよくないと、自分の希望するような上級学校へは入りにくいということであります。つまり試験そのものに、一たいどの程度に価値があるかどうかは問題だとしても、自分の希望する進路へ進めるか否かが、それによって左右され、さらには決定せられるということであります。

こういうと皆さん方は、しかしそれは現在の制度が良くないからだと思われるでしょう。たしかに現在行われている試験については、幾多の改善すべき点のあることは、事実でありましょう。しかもその試験にパスしなければ、自分の希望する上級学校には入学できないのでありまして、そういう点は、ひとりわが国のみならず、アメリカでもソ連でも同様であり、それ以外の国においても、多少の趣の違いはあるとしても、根本的には大差はないといってよいでしょう。かくして試験というものは、だれ一人として好きな人間はないし、またその成績は、必ずしもその人の人間的真価を示すものとは言えないにもかかわらず、だからといって、これをチャランポランにしてよいなどとは、どうしても言えないのであります。それというのも、それによってその人の一生の運命が、大きく左右せられるからであります。

しかしながら試験については、わたくしは、人々がともすれば看過しがちな、今ひとつの意義を認めるものであります。それはどういうことかというと、人間というものは、どうしても自分がしなければならぬ事柄に対しては、たとえそれがどんなにいやな事柄であろうと、またその事自身が、どれほど価値があると否とにかかわらず、常に全力を傾けてそれと取り組み、ついにそれをやり抜くということが大切でありまして、このような人間的態度を鍛える点では、試験というものは、登山や遠泳、あるいはスポーツにおける合宿訓練などと同様に、ひじょうに意義があると思うのであります。ですから試験に対して、真剣に取り組めないような人は、人生の真の勝利者になることは、どうも困難ではないかと思うのであります。

ですから、わたくしとして皆さん方に望みたいことは、なるほど試験の内容それ自身は、必ずしもその人の人間的価値を左右するものではない場合もありましょう。しかしそれに対する皆さん方の態度そのものは、確かに皆さんの人間的態度を示すわけですから、これからの試験には、どうぞ全力を挙げて取り組み、最後の血の一滴をも余さず出しつくすような態度でのぞんで頂きたいと思います。そしてそれがやがて、皆さん方の人生への路を拓《ひら》くことになりましょう。

（今日のお話で、色いろ問題になっていた試験に対する心構えがハッキリして、有意義だったと思う。自分と同じような感じをもった人も、おそらく少なくあるまいと思われる。）

# 第十八講——進学と就職

今日も道服姿の名児耶先生は、校長先生の先導でご入室。やがておもむろに壇に上られ、一礼の後、今日のテーマと次のような山頭火の句をお書きになられた。

山頭火

へうへうとして水を味ふ
この旅果てもない旅のつくつくぼうし
投げ出してまだ日のある脚
おちかかる月を観てゐる一人
ひとりで蚊にくはれてゐる

前回に引きつづき、今日も山頭火の旅の句をご紹介いたしましょう。

最初の句は、前回の「わけ入ってもわけ入っても青い山」と並んで、山頭火の旅の句の中でも秀作といってよいでしょう。それに両句共、句の調子によく似たところがありましょう。山頭火の好きなものの一つに温泉がありますが、山中の清らかな水の味は、それ以上に好きだったようですね。

次の句は、夏の終わりごろの作でしょう。つくつくぼうしという蟬は、むかしから人を望郷の念に誘うといわれますが、若くして故郷を失って、定住の地なく、一所不住の身の、旅から旅へと漂泊した山頭火にとっては、つくつくぼうしの鳴くのを聞くのは、深い心の痛みだったでしょう。

第三句は、日々生きんがために、また句作のために、かれは行乞の旅を止めるわけにゆかなかったのです。しかし連日の疲れが出て、ひと休みしようと草に腰を下したら、もう立ち上がる気力も失せてしまったが、陽はまだあって、投げ出した自分の脚に射している。だが疲れ果てた身の、なかなか起き上がれそうもないというわけで、一人旅のせつなさのひとこまといえましょう。

だが、やがて見つけた無人堂に腰かけて、山の端《は》に沈んでゆく月をながめているというのが第四句です。しかし夜もいつしか更け沈んで、四辺には人の気配はない。そしてその夜は、ついにその無人堂で寝ることにしたが、夜っぴて蚊におそわれて、まんじりともしなかったというのでしょう。

さて前回には、試験という問題を取り上げて、それに対するわたくしの考えのあらましについて、お話したつもりであります。そしてそれによっても明らかなように、現在のような社会状態にあっては、試験を軽んじるということは、結果的には自己を軽んじ、自分の一生を軽んじるということになるわけであります。なるほど試験の内容そのものは、必ずしもその人の人間的な真価をはかるものではないとしても、試験に対するその人の態度、すなわち自分にとってどうしてもしなければならぬ事柄に対しては、つねに全力を傾けてそれと取りくむということ、そして最後の血の一滴まで注ぎ込んで余さぬという態度こそは、試験における最も貴重な収穫であって、こうした態度そのものは、試験によって養われる最も意義ある人間的価値だといえましょう。

そこで、今日は引きつづいて、ひとつ進学の問題から、さらには就職の問題についても、考えてみたいと思います。ところで、まず進学の問題ですが、この点についても、考えてみたら、色々と問題とすべき点が少なくあるまいと思います。

さて、進学問題について、まず問題となるのは、自分の入りたい学校はあるが、しかしそこへ入るには自分の実力が足りないとか、あるいはまた学資の点などで、自分の第一志望の学校には、どうしても入れないという場合であって、この点で悩んでいる人は、現在非常に多いんではないかと思います。否、現在わたくしのこの話を聞いていられる皆さん方の中にも、かなりいられるのではないかと思います。ではこの問題に対してわたくしたちは、一体どのように考えたらよいのでしょうか。

さて、物事に対処する場合に、一ばん大事なことは何かと申しますと、それは何よりも先に、まず自分の実力というものをハッキリ知っておくことだということでしょう。もっとも、入学試験というものについては、いわゆる「試験は水もの」という面もありまして、本人に実力さえあれば必ず通るというわけにはゆかないと思います。とくに現在の学校で、成績が比較的上位にあるというだけでは、確かな目安にはならぬともいえましょう。それというのも、だいいち現在自分の学んでいる学校が、入試という観点から考えて、はたしてどの程度のランク（段階）にあるかが問題なわけですが、しかしまた学校の成績と入学試験とは、必ずしも一致するとはいえないでしょう。それというのも、学校の成績というものは、平生教わっていることをまじめに勉強しさえすれば、一おうかなりな成績がとれるとしたものですが、入試となるとそうは言えないからであります。

しかしながら、こうは言っても各学校で、進学の指導係などをしていられる先生方でしたら、その学校で大たいどの程度の成績だったら、どの学校なら大たい入れるだろうが、本人の希望するA校やB校などへは、どうもむずかしいというような事は、永年の経験からして、大たいの見当は狂わぬようであります。そしてそれと、自分自身の実力とをよく考え合わせたら、一おうの見当はつくといってよいでしょう。

しかしながら、たんにこの程度のことで片がつくなら、何ら問題はないわけですが、実際問題としては、なかなかそう簡単にはゆかない場合が多いといってよいでしょう。否、そのほうが大方だといってもよいでしょう。そこで、どうしたらよいかというに、まず第一に根本条件としては、入試に際しては、自分の実力以上の学校へ入りたいというような野望の根を断ち切ることが第一だと思うのであります。今わたくしは、野望といって希望といわなかったのは、少なくとも入試に際しては、自分の実力以上の学校をねらうということは、希望ではなくて野心とか野望というべきだからであります。

もっともその際、第二志望の学校を受けて、それが通ればそこへ入ると決めていれば、第一志望の学校を受けるのを、必ずしも野心とまでいう必要はないでしょう。否、その程度の冒険性は、とくに男子の場合には、大いに必要だともいえましょう。しかしながら、第二志望の学校へは通りながらそこへ入らずに、もう一年浪人するなどということは、しいて反対はしませんが、原則的にはあまり賛成ではありません。それというのも、浪人生活というものは、何といっても不自然な憂うつな生活ですし、そのうえ費用の上からいっても、相当にかかるわけですから、出来ることなら、なるべく避けた方が賢明だと思うのです。

ただ序ですから申しますが、たとえ浪人してでも、もう一度受験することの是認せられる場合は、その大学に自分の非常に尊敬する学者がいて、どうしても自分はあの方のご指導が受けたい、というような場合でしょうが、しかし戦前の帝国大学の時代ならとにかく、現在のような新制大学において、こうした事はきわめて稀れにしかあり得ないことと言ってよいでしょう。

しかしながら、かりにそうした場合があったにしても、そこには、㈠明年は多分入れるだろうという見込みが、ある程度確かなこと、㈡またご両親に、浪人生活を支えて頂けるだけの経済的資力があること、㈢さらに、浪人時代を何処で、どのように過ごしたら良いか等々の問題は、やはり残るわけであります。

それから、もう一つの考え方は、そんなムリをするよりも、むしろ一おう入れる大学を出ておいて、それからその尊敬する学者のいられる大学の大学院に入るという途もないわけではないでしょう。もちろんその場合にも、大学院に入るには、やはり試験を受けねばならぬことは申すまでもありません。

そこで以上、進学に対するわたくしの考えを要約して申せば、㈠進学校の選択については、あまり無理でない処を志望すること、㈡ただし一たん入学した以上は全力を傾けて、できるだけ優秀な成績で卒業するように――という二カ条であって、進学に関するわたくしの考えは、煮つめると結局以上の二カ条に尽きるのであります。では何ゆえこの二カ条が大事かと申しますと、入学についてはあまり無理をしないで、自分の実力相応の処を志望すれば、だいいち入試そのものについても、そうノイローゼなどにならずにすむでしょう。そのうえ入学後しっかり勉強すれば、良い成績をとることも、さまで困難ではないはずです。ところが、どんな大学でも、その大学を優秀な成績で卒業しますと、道はおのずから開けるのであります。それというのも、学校当局自身が、その学校の将来のために、大いに努力して進路を拓いてくれるからであります。

　では、この辺からひとつ「就職問題」について、考えてみましょう。ところが、就職という点でも、最終校における成績が、やはり大きく物をいうようであります。この点については、すでに前回「試験」について話した際にも申したことですが、実さい学校の成績が、そのままその人の人間的価値を表わすものではないにも拘らず、それによって、就職までも左右されるということは、不合理といえば、たしかに不合理だといえましょう。ただ問題は、だからといって、それでは何を標準として人を選ぶかということになりますと、どうも他に適当な基準がなかなか見つからぬのでありまして、そういう点からして、必ずしも理想的なやり方ではないにもかかわらず、実際問題としては、やはり最終校における成績が、就職の上にもかなり大きな比重をもつようであります。ですから、先ほども申すように、変な野心を起こして、柄にもない高望みを抱いて入試に落ち、浪人などしてノイローゼになるくらいなら、むしろ最初から自分の実力相応のところを受けて、比較的楽に入学し、その代わり一たん入学した以上は、断じて優秀な成績をとるように、極端にいえば、入学式の翌日からそのつもりで取り組むのが、賢明ではないかと思うのであります。少なくともわたくし自身は、大たいそういう考え方を好む人間だと申してよいのであります。

　ところで、唯今も申すように、就職に際しても、その人の最終校の成績がかなりにつよく影響するわけで、成績さえ良ければ、かなり自由に選択ができるようですが、肝心の成績があまり芳しくないと、選択先の範囲もしぜんと狭まって、思わしくないということになりがちなようです。ですから最終学歴にあたる学校では、とくに全力を挙げて、リッパな成績をとるということが、就職上一ばんの秘訣といってよいにもかかわらず、意外にもこの点に対して、うかつな人が少なくないようであります。

さて以上の事柄を前提として、ではそれ以外にも就職に関する注意はないかというに、大有りだと思います。ではどういうことかというに、第一には、自分の卒業する時における、世間の流行に迷わされないで、できるだけ自分の性格に合った職業を選ぶべきだということです。それというのも、その時々の流行というものは、次々と変ってゆきますから、たとえば、ある時期には金へんの事業が盛況だといっても、いつまでもそれが続くものではないのであります。それに反して、自分の素質とか性格というものは、そう大きくは変りませんから、それにふさわしい職業に就けば、世間的にはとにかくも、自分としては比較的落ちついた満足がえられるわけであります。

第二には、人によっては必ずしも、大会社が良いとばかりはいえないということです。たとえば、将来独立しようと思う人は、あまり大きな会社に入りますと、全体の見通しが利きませんから、独立するには不便だといってよいでしょう。つまり大きな機械の部品になってしまいますので、事業の全体的な仕組みが見通せないのであります。またかりに独立はしなくても、ある程度支配的な手腕をふるうには、あまり大会社でない方が、かえって便利だという場合もありましょう。それというのも、大会社において、課長はとにかく、部長級のポストにつくということは、容易なことではないわけですが、その点は中規模程度の会社なら、比較的昇進も早くて、ある程度支配的な地位に就きやすいともいえましょう。

しかしながら、物事はすべて一長一短でありまして、そうした中規模の会社ですと、時に倒産の危険がないわけでなく、かりにそういうことはないにしても、会社の主脳部は、社長の同族によって占められる傾向のあることは、あらかじめよく心得ておく必要がありましょう。実さい、この世の中には、両方良いことはないわけですが、同時にそこには「天」の公平さがあるともいえましょう。

（今日のお話も、この前につづいて、テーマが身近な、そして切実な問題だっただけに、色々と考えさせられる処が多かった。たぶんみんなも同様だったことと思う。）

# 第十九講――職業天職観

今日も道服姿の名児耶先生は、校長先生の先導でご入室。そしておもむろに壇上に立たれて、一礼の後、今日のテーマと次のような山頭火の句をお書きになった。

山頭火

だまって今日の草鞋《わらじ》を穿《は》く
笠にとんぼをとまらせてあるく
歩きつづける彼岸花咲きつづける
まっすぐな道でさみしい
ほろほろ酔うて木の葉ふる
しぐるるや死なないでゐる

山頭火の旅は、ほとんど一宿一泊という場合が多かったようです。それはその町や村を行乞して、その貰い物で泊まるわけですから、いくら居心地のよい宿だといっても、同じ宿に滞在しているわけにゆかないのです。そこからして最初のような句も生まれるわけです。

次の句は、先の「わけ入ってもわけ入っても青い山」や「へうへうとして水を味う」などと並んで、山頭火の旅の句の中での秀作といってよいでしょう。いかにも漂々として旅する山頭火の姿を彷彿させますね。

ところで、夏から初秋へかけて、わが国の田舎の野山を歩きますと、到る処で第三句のような情景に出逢いますね。

第四句は、最近では自動車のために、田舎の隅々まで道路が改修されて、真直ぐな道というものが珍しくなくなりましたが、戦前のわが国の田舎では、真直ぐな道というものは、メッタに無かったものでした。だがそれだけに、旅人とくに一人旅の旅人にとっては、変化がなくて寂しかったことでしょう。いわんや一所不住の山頭火においてをやです。

そこで、寂しさのあまりに、大の酒好きだった彼は、金さえあれば一パイ引っかけたようです。そして時には、この句にもあるように、ほろほろ酔いながらの旅もしたのでしょう。するとそこへ落ち葉が散りかかるというわけで、さすがに彼もたまらなかったことでしょうね。

そうした旅のはてが、第六句のような句ともなったのでしょう。妻子とも生別して、行方定めぬ旅に明け暮れ、時にはしぐれに濡れながらも、行乞以外には生きる途の無かった彼としては、日々を「死なないでいる」との感慨が痛切だったことでしょう。

さて、皆さん方の前途を考える上で、かなり重大な関係のある試験と就職の問題について、一おうわたくしの考えを聞いて頂きましたので、今日はそれに引きつづいて「職業と天職」の関係についても、ひとつわたくしの考えを聞いて頂くことにいたしましょう。それというのも、就職ということ自体が、すでに職業のスタートラインに立つことだからであります。それにしても、常にわたくしは思うのですが、どうも人々は、一般に職業というものの意味を、さまで深く考えない人が少なくないらしく、否、最近ではむしろそういう人のほうが、多いんじゃないかとさえ思われます。したがってまた、自分が現在従事している職業についても、その意味を十分考えていない人が、意外にあるのじゃないかという気がするのであります。

さて、それでは今一般的に考えて、そもそも職業というものは、一たいわれわれ人間にとって、どのような意味をもつと考えたらよいのでしょうか。それには大きく別けて、大たい三つの面があるのではないかと思われます。そのうちで、まずだれにもよく分っているのは、人は自分の従事している職業のおかげで、それぞれ報酬を得、それによって自分及び家族の生活が支えられているというわけで、この点については、一人として知らない人はないわけであります。否、中には職業というものを、ただこの面からしか考えない人も、案外少なくないかも知れません。否、最近では職業についても、この程度の考えさえ、持っていない人が少なくないようであります。

ではもし職業について、それ以外にも何か意味があるとしたら、それは一体どのようなものといったらよいでしょうか。ところで、その点に関しては、職業というものは一人の人間が、生まれつき授かっているその天賦《てんぷ》の能力を発揮し、実現する道だという考え方があるのであります。ところがこのように申しますと、最近の大規模な機械的な生産体制においては、大方の人がまるで将棋の駒みたいにされてしまって、各人の天賦の能力を発揮することは出来なくなったともいえましょう。そしてこの点についてはわたくし自身も、大局的には確かにそういうコトバが当てはまると思うのであります。すでに皆さん方もご存じのように、最近のわが国では、生産の大方が大規模な機械的生産体制によって作られますので、多くの品物が、比較的安くでき上がるという便利さがあると共に、他方には、人間自身はまるで機械の部品みたいになる恐れが、しだいに多くなりつつあるのであります。

しかしながら、一おうそれはそれとして、では職業のもつ第三の意味はどうかというように、それは人は自分の選びとった職業を通して、国家、社会に貢献しているということであります。それというのも、われわれ人間は、それぞれ何らかの意味で、国家社会につくさねばならぬわけですが、それは実際には、結局各自が、自分の職業を通してする以外には、なかなか容易でないのであります。もし職業を通して以外の途でということになりますと、それはひじょうに困難なわけであります。

さて、職業のもつ一般的な意義が、以上申したようなものだとしますと、職業の選択にあたって、わたくしたちは、よほど慎重な態度でのぞむべきだということになりましょう。ところが、実際問題としては、必ずしもそうでないばかりか、最近では職業の選択が、以前とくらべて、どうも無雑作になりつつあるのではないかと思われるのであります。ではそれは、一たい何ゆえでしょうか。ちょっと考えますと時代の進歩と共に、人々は自分の職業の選択については、より慎重にきびしさを加えて良いはずなのに、実際にはむしろそれとは逆現象を呈しつつあるのは、そもそも何ゆえでしょうか。

それはわたくしの考えでは、どうも人々が、とかく目先の考えで行動するようになったからではないかと思われます。つまり目先の利益とか、収入の多少、ないしは世間の人々から、良い会社に勤めていると見られるだろうなどという第二義的三義的な事柄によって、就職の選択が左右せられる傾向が多くなって来たのではないでしょうか。そしてそのために、自分の素質とか性格には、あまりふさわしくないにも拘らず、その会社が世間的に名が聞こえているからといって、無理にもその方を選びとるなどということも、近ごろでは珍しくない現象のようであります。しかしそのために、自分の仕事の上で、いつまでも満足感が得られないとしたら、それはその人にとって、一生の大きな不幸というべきではないでしょうか。

それにしても、わたくしは思うのですが、どうも職業の選択にあたって、一ばん大事なことは、ふつうに人々の考えるような、収入の多少ということよりも、むしろ自分がどこまで全力を挙げてそれと取り組めるかどうか、ということではないでしょうか。すなわち、どこまで自分がそれに打ち込んでゆけるかということこそ、その人にとって、この二度とない人生を生きる上で、一ばん大切なことではないかと思うのであります。何となれば、自分がその事に夢中になって打ち込めるということは、とりもなおさず、その人にとっては、自分の天分を十分によく発揮し、実現できる途だからであります。

このように考えてきますと、職業の選択という問題は、いわゆる利益や収入を第一と考えないばかりか、いわゆる世間的な体裁とか評判などにも迷わされないということが、根本的に大事な点だと思うのであります。もっともそういう点では、社会というか、むしろ国家自身にも、大いに責任がないわけではないと思いますけれど――。

その一つとしてわたくしは、現在の医師法というものについても、色いろ検討してみる必要がありはしないかと考えるのであります。ということは、以前には、医師になるにも検定制度というものがあったのであります。もちろん一般的には、当時の帝国大学の医学部、ないしは医学専門学校の卒業生は、当然医師となることのできた第一資格者でありましたが、しかしそれ以外にも、もう一つ色々な事情のために、そういうコースをたどることは出来なかったが、しかしどうしても自分は医者になりたいと思う者は、すぐれた医師の下に見習生として勤めて、そこで永い間実地の修業をした上で、厳重な採用試験を受けることになっていて、幸いにして国家試験に合格すれば、多年の希望がかなえられたのであります。なるほどその場合、厳重な試験をするということは、随分とむつかしく、かつ手間のかかる事ではありましょう。しかし現在でも、もしこのような制度が復活していたとしたら、たくさんの医師希望者が救われると共に、いわゆる無医村問題などというやっかいな問題の解決の上にも、大きな光を投げるだろうと思うのであります。

ついでに、もう一つ関連する問題について、わたくしの考えを申してみることにいたしましょう。それは漢法医の問題でありまして、中国では漢法医は、洋医と同等に認められているということですが、これはむしろ当然というべきであって、西洋医学が局所医学であるのに対して、漢法医は全体医学でありまして、それぞれその長短があるわけであります。ですから、それらの短所をたがいに補い合って、はじめて本当だと思うのですが、わが国では明治維新の直後、医師はすべて西洋医しか認めぬことになってしまいましたから、不幸にして医科大学に入学できなかった人は、いかに医者になりたくても、終生ついにその望みを遂げることが、出来ないのであります。

そこでわたくしは、時々そういう人に向って申すのです。「もしあなたが、真に人々を病気から救うことに終生の喜びが感じられるというのでしたら、ひとつ思い切って漢法医になるがよいでしょう。それには幸い、現在ではリッパに医大を出た人で、大学卒業後、漢法医学に大きな価値を認めて、漢法の研究をしていられる方がありますから、そういう人の内弟子になるか、または指導を受けることによって、漢法医学の研究をし、それぞれの試験を受けるが良いでしょう。そうすれば、もちろん正式な医師というわけにはゆかなくても、ある程度人々の病を治すことができるばかりか、時には大学病院に半年も一年も入院したが、どうしても治らなかったというような病人を治す場合さえ、決してないわけではないでしょう。何となれば、一般に慢性の病気は、局所医学としての西洋医学よりも、全体医学である東洋医学のほうが、治す可能性が多いからであります。

さて、以上医学の問題について、少々時間をかけ過ぎたと思われる人もあるかと思いますが、しかしそれはわたくしとしては、現在若い人々の間に見られる安易な職業観、ないしは職業選択に対して、今少し考え直してみる必要があるのではないかと、平生深く考えているからであります。そしてそれは、自分の職業を「天賦」と考えたら、これは当然のことだと思うのであります。

そこでこの際、ついでに申しておきたいと思うのは、父親の職業が独立した一本立ちの仕事の場合には、せっかく親御さんが一代かかって築き上げた事業を継ぐということは、非常に大事なことであって、それはひとり親を喜ばせるだけでなくて、利益という点から考えても、有利な場合が少なくないと思うのであります。何となれば、その場合には大事な土台づくりの努力は、すでに親御さんによって作られているからであります。ですから、そうした根かぶをすてて、安月給取りになるということは、かりに利益という点から考えても、大いに考えてみる必要があるといってよいでしょう。

以上申したような次第ですから、自分の一生従事する職業の選択については、まだ人生経験としては、ほとんどないみなさん方が、世間知らずの未熟な自分の一人合点《がてん》だけで決めてしまわないで、人生の老練な先達の幾人かに相談して、十分になっとくのゆくまで、練り上げる必要があると思うのであります。

同時に、そういう意味からは、これはたんなる入試の準備などとくらべて、少しも劣らぬだけの重要性をもつ事柄だと思うのであります。

（将来どういう職業についたらよいか――ということは、いつも心の底にあるが、しかしまだハッキリした定着を見るにいたっていない現在、今日のお話も、色々と教えられたり、考えさせられる点が多かった。しかし先生のご様子には、いささかも変わりはない。）

# 第二十講——人生の幸福

今日も道服姿の名児耶先生は、校長先生の先導でご入場。そしておもむろに壇上に立って一礼の後、今日のテーマと次のような山頭火の句をお書きになられた。

焼捨てて日記の灰のこれだけか
投げ与へられた一銭の光
馬がふみにぢる草は花ざかり
波音のたえずしてふるさと遠し
波音遠くなり近くなり余命いくばくぞ

山頭火

山頭火のパトロンは色々あったようですが——そしてそれは、彼の比類なき純粋な人柄のせいでしょうが——そのうち代表的なのは、大山澄太さんと木村緑平のお二人でしょう。大山さんが生前いかに山頭火のために尽されたかは、今日となっては万人の認める処ですが、同様に医者の緑平が、終生山頭火にみつぎ続けたことも、今となっては万人周知のことといってよいでしょう。

ところで、山頭火が日記を書くようになったのは、緑平と深く相知るようになってからのようですが、何を考えたものか山頭火は、昭和五年九月までの日記は、自ら焼き捨ててしまったのです。そしてそれが最初の句の生まれたわけです。しかし、それ以後の日記は、次々とみな緑平の処へ送られて、それらが死後「全集」に収められたのは何よりでした。

第二句は、行乞の途上、しばしば「おことわり」を喰わされ、それを山頭火は「はじかれた」といっており、また子どもたちが行乞のかれに対して、時どき「ホイトウ」（乞食）と呼んだことも珍しくはなかったようです。第二句はこうしたことを心に置いて、味わうのがよいでしょう。

同時に、そうした心境が、山頭火をして第三句のような句を詠ませたのでしょう。馬と花と――いい対照ですね。

だが、一所不住の身であるだけに、山頭火にとっては、望郷の念はつねにその心の底から消えなかったようで、それが第四句となり、さらには次の句ともなったのでしょう。実さい波の音というものは、何ゆえか人をして永遠を想わせるものですね。とくに夜間聞く時にそうであり、寝ながら聞く時、いよいよそうといえましょう。

前回には、わたくしは「職業天職観」というテーマの下に、わたくしの職業観について、あらましを申し上げた次第でした。そしてそこでわたくしが力点をおいたのは、わたくしたちの従事する職業というものは、たんに収入を得ることだけが目的ではなく、むしろ職業を通して、自分の天分を発揮するところに真の生きがいがあり、したがってそれは、人生の幸福のためにも、もっとも大切な事だといってよいでしょう。同時に、こうした考えなり態度になれた時、職業は同時に「天職」ともなるわけでありますそもそも天職とは、文字も示すように、われわれ人間が「天」から授かった職業という意味でありまして、一種の宗教的な響きのあるコトバだといえましょう。そこで今日は、それに引きつづいて、そもそも人生の幸福とは一体いかなるものであり、そして如何なるところに真の幸福があるかという問題について、少し考えてみたいと思います。

そこで、最初にまず、人生の幸福とは一体いかなるものか――という点について考えてみたいと思いますが、それについてまず最初にわたくしの申したいことは、どうも幸福というものは、こちらが求めようとすると、かえって逃げて行くもののようであります。少なくとも、こちらが求めたからといって、たやすく手に入るものではないように考えられますが、いかがでしょう？　ところで戦後多くの人々がそれぞれ幸福について論じて来ましたが、しかし今わたくしの申すような幸福観について述べた人は、あまり多くないというよりも、ほとんど出会っていないように思うのであります。そしてわたくしのこのような幸福観は、もしこれを端的にいうとすればただ今も申すように、われわれ人間にとって、真の幸福は自ら求めるものではなくて、むしろ与えられるものだということであります。

そこで一歩をすすめて、では一体どうしたらわれわれは、幸福になれるのでしょうか。ところがそれについてわたくしの考えでは、それにはまず何よりも、現在自分が当面している事柄のうち、真っ先に為さなければならぬ事柄と取りくんで、全力をあげてそれを完成するということであります。そして真の幸福とは、それを果たしたその時一種の満足感として与えられるものだと思うのであります。つまりわれわれ人間は、自分の為すべき事を何一つしないでいて、ただ幸福になりたいと考えても、それはムリな話だというのであります。

ところが、戦後わが国に行なわれた幸福論の多くは、どうもそうではなくて、「幸福」というものがどこかにあって、それをわれわれが求めさえすれば、たやすく得られるものででもあるかのような考え方が、どうも圧倒的だったように思われるのであります。そしてその場合、幸福と考えられたものは、たとえば電気洗濯機に始まって、テレビから自動車、さらに最近では、冷暖房というように、いわばわれわれの欲望の対象物を次から次へと、自分の資力の有無も考えないで、幾つかの月賦を申しこみ、ムリにムリを重ねて、おまけのはては経済的に行きづまって、お手上げに落ちこんだ人さえ少なくないようであります。

ところが、そうまでして、無理に無理を重ねて、それらを求めた結果はどうかと申しますと、それらの品の与えてくれる便利さは、じきに馴れっこになってしまって、さまで有難いと思わないばかりか、幸せだなどという感じさえ起きず、むしろそれによって電気料やガソリン代が重《かさ》んだり、またはそれらの品の故障から生じる修繕料の多額なのに苦情が出るという有様であります。

以上を要するに、戦後わたくしたちの周囲に唱えられたこの種の幸福説は、いわば感覚的な幸福観といってよく、それらはわれわれ人間の欲望を主とする幸福観でしたから、それはじきに馴れっこになってしまって、便利だとか有難いなどという感じは間もなく消えて、むしろそのために激増した経済的支出に苦悩し出したという場合が、多いといってよいでしょう。そしてこれが、先にわたくしが、幸福というものは、自分から求めるべきものではなくて、むしろ自分の為すべきことを果たしたならば、そこからして思いもよらず、与えられたり、恵まれたりするものだと申したゆえんであります。

そこで、以上述べたことから問題になるのは、ではそのように幸福とは、われわれ人間が為すべき事を為した時、いわばその報償として与えられるものだというとき、その場合為すべき事とは、一体どのようなことをいうのでしょうか。それについて先ず考えられるのは、何をおいてもまず自分の職業に専心するということでしょう。では一歩をすすめて、何ゆえ人は自分の職業に専念すると幸福になれるのでしょうか。この問題は、これを実際問題について考えたら、何人にも一おう自明の事柄だといってよいでしょう。それというのも、人は自分の職業に専念すれば、だいいち職場の人々から信用が得られると共に、収入面からいっても、しだいに順調になってくるからであります。しかしながらわたくしは、われわれが職業に専念するということは、単にそれだけには尽きないものがあるかと思うのであります。そしてそれは、先にも申したように、職業というものは「天職」ともいわれるように、もしこれを宗教的に考えたならば、「天」から自分に与えられた使命といってもよいわけです。そこで、もしそのように「天」から与えられた使命を忠実に果たしたならば、「天」のむくいは、当の本人に対して、ふかい内面的な幸福感として与えられるわけであります。

さて以上は、いわば宗教的な立場から申したことですが、さらに角度を変えて考えても、職業というものは、すでに申したように、われわれ人間が、それによって社会に報いるゆえんの道であります。したがって職業に専念するということは、実はその人が自分に可能な途で、世の中のために尽すというわけですから、その報償として、一種の幸福感が与えられるということは、これまたきわめて当然の事といってよいでしょう。

以上わたくしは、幸福というものは自分から求めるものではなくて、与えられるものであるが、しかしそれには、何よりもまず自分の職業に専念し没頭することが大切だという事からして、では何ゆえ人は自分の職業に専念すると、そのように幸福感が与えられるかということについて、ひと通りそのすじ道を考えてみたわけであります。

ところが、わたくしの考えでは、われわれ人間が幸福になるには、以上述べたように、自分の職業に専念し没頭すること以外にも、なお確実に幸福感の与えられる途があると思うのであります。ではそれはどういうことかと申しますと、それは感謝の念と共に、さらにそれに伴う奉仕行というものであろうと思うのであります。そこでまず感謝の念を抱くということが、何ゆえ幸福感を恵まれるかと申しますと、そもそも感謝の念というものは、現在自分の置かれている状態が、自分のような者にとっては、まことに分に過ぎた忝《かたじけな》いことであるという念《おも》いでありまして、それはひっきょうするに、その人自身が一種の無我の心境の中に、生きているということでありましょう。

かくして、真の幸福観について、一ばん根本的な事柄は何かと申しますと、それは只今《ただ》も申すように、その人が「無我」または「無私」の心境に生きるということであります。ところがこのように、正面から「無我」だの「無私」だのと申しますと、ではその「無我とは一体どういうことか」などというややこしい理屈が先立つ人もあろうかと思いますが、いま感謝の念に生きるということになりますと、そうした感謝の気持ちの中に、すでに「無我」ということは、しぜんにこもっているわけであります。したがってわれわれ人間は、もし自分の現在の状態が、有難いとか忝ないという念いが、しだいにわが身に染みわたって来ますと、日々の生活そのものが、そのまま幸福な生活ということになるのであります。

それ故このように考えてきますと、戦後の感覚的な欲望を充たすことに幸福があると考えてきた幸福感とくらべる時、そこには如何に大きなひらきがあるかがお分りになりましょう。

ここまで到達することによって、わたくしの幸福感のあらましは、一おうお話したわけですが、最後に今ひとつ、感謝の生活というものは、そこには必然に奉仕の行を伴うものだということを、申し添えておきたいと思います。と申しますのも、単なる感謝の念だけで、それがいまだ奉仕の行として発動しないとしたら、そのいわゆる感謝の生活というても、まだ観念的なものだといってよいからであります。そして感謝の念が真に内に充実してきますと、それは必然に奉仕の行として発動せずにはいられないのであります。

もっとも、このように申すのは、事柄の本筋からいうことでありまして、皆さん方の中にも、「自分はまだ感謝などという気持ちにはなれない」といわれる方もおありでしょう。そこでそういう人は、無理に感謝の念を持とうなどと考えるよりも、むしろ奉仕行のほうから着手せられるが良かろうと思います。そして、そうした奉仕行を自分の分相応につづけていますと、いつしかそこに、真実の幸福感が恵まれるようになりましょう。そしてそれを、さらに続けていますと、しだいに感謝の念も目覚めてくるようになりましょう。この方が、わかい皆さん方には、むしろ入りやすい途かと思われますから、どうぞひとつ明日からでもよいですから、何か一つ二つ手近かなところから、無理のない奉仕行を始めて頂けたらと思うのであります。

(今日のお話は、これまでかつて考えたこともなかった事柄だけに、意外の感が深かったが、しかし考えてみれば、やはり先生のおっしゃることが、真の幸福というものらしく思われるようになった。だが、それにしても、先生の今日のご態度は、ふかい確信にもとづく、何ともいえぬ力強さがあった。）

# 第二十一講——健康の問題——付わたくしの健康法

今日も道服姿の名児耶先生は、校長先生の先導で入場され、やがておもむろに壇上に立って、一礼されるや、今日のテーマと共に、次のような山頭火の句をお書きになった。

山頭火

水の味も身にしみる秋となる
ゆっくり歩かう萩がこぼれる
ここに白髪を剃りおとして去る
みんな寝てしまってよい月夜かな
伸ばした足にふれたり隣りは四国の人

今日も引きつづき、山頭火の旅の句のご紹介をいたしましょう。

さて最初の句は、何の技巧もない句でありながら、それでいて、日々を漂泊の旅に明け暮れた山頭火の句らしくて、何となく親しまれる句ですね。

ついで次の句も、いかにも山頭火らしいですね。それというのも、山頭火のばあい、旅といっても、いつまでに何処まで行かねばならぬ、というようなことのない旅だからです。しかしそういうと、人々の多くは、何というまあノンビリした旅らしい旅よとあこがれるでしょうが、どうしてどうして、実際には日々行乞しなければ、たちまち死ぬ他ないというきびしい旅の連続なのです。

そこからしてまた、第三句のような句も生まれるわけですね。この句も山頭火の旅の句としては、出色の一つといってよいか知れません。

こうして、終日食を乞い歩いて、夕方になり、やっと疲れたからだを、貧しい木賃宿の一室に横たえるわけですが、それも自分一人で独占できることは少ないのです。すると、さすがに彼にも、来し方ゆく末が思われて、他の人々のように、たやすくは寝つかれないのです。そこでみんなが寝静まってから、一人起き出して、月をながめる夜もあったのでしょう。

ところが、木賃宿では、ただ今も申したように、一人で一室を独占できる場合は少なくて、多くは相客と一しょですから、しぜんと第五句のような句も生まれるわけですね。そこはかとない無常感がこめられていると言えましょう。

さて前回には、「幸福とは一体どのようなものと考えたらよいか」という問題について、わたくしの考えのあらましをお話したのでした。そして真の「幸福感」というものは、結局その根底には、それぞれその人なりの世界観とか人生観というような問題が予想せられるともいえましょう。しかしおたがい人間というものは、その見識がただ高大というだけでは、まだ不十分でありまして、そういうその人の見識が、自分の足もとの問題と取りくむ際に、その力量となって働かねばならぬのであります。ところが、現在わが国の学界とか思想界では、ともすればこの点がおろそかにされがちだと思うのです。つまりその見識だけは、一見高尚らしい問題について論じていながら、いざ脚下の実践ということになりますと、それが大して力にならぬのであります。そもそもわたくしの考えでは、学問というものは、元来自分が人間として生きてゆく上の力になるものでなくてはならぬと思うのであります。もしそうでなければ、それは単に人への見せびらかしか、さもなくても、一種の知的遊戯に過ぎないといわれても、いたし方がないでしょう。それゆえわたくしは、これまであなた方を、いわば高山の嶺《いただき》まで案内して、そこに立って世界観、人生観ともいうべき問題のあらましを、できるだけ平易に、分りやすくお話しして来たわけですが、しかしいつまでも山の嶺に留まってはいられませんから、これから一路山を下って、もう一度足もとから実践の第一歩を踏み出していただきたいと思うのであります。

さて、このような立場にたって、まず第一に問題となるのは、他ならぬ健康の問題であります。と申すのも、前の週でお話した問題は、ある意味では、わたくしが四月の初めから今日まで、皆さん方にお話してきた色々な問題のうちでも、もっとも痛切な問題だともいえるからであります。それというのも、現在のような時代には、われわれ人間は、いつ死なねばならぬか分らないのであり、しかもいつ死んでも、そこに人生の一つの完態を呈するような生き方をするには、一体どう生きたらよいかという問題が、つねにわたくしの心の奥底にあって、実はあのようなお話をしたわけであります。

そこで、ただ今も申すように、おたがいに、いつ死なねばならぬか知れない以上、もちろんそうした覚悟と用意の必要なことは、申すまでもありませんが、しかしせっかく「生」をこの世にうけた以上、おたがいに出来るだけ永生きをして、最後まで充実した生活を送りたいものであります。そしてそのためには、おたがいに出来るだけ要心して、健康に留意する必要があると思います。それというのも、われわれ人間の生命は、もともと神から与えられたものですから、もし神意に従ってムリをせず、正しい生活態度を守ったら、九十歳とか百歳ということは別として、だれでも八十歳前後までは生きられるのが本当だろうと思います。そこで、山の嶺《いただき》から降りてきて、改めて一歩を踏み出すにあたり、まず健康の問題について考えてみたらと思うのです。

さてこの「健康」の問題についても、色々と考えねばならぬ事柄があろうと思いますが、まず一ばん根本において、そもそも健康とは一体どういうことかという点を、明らかにしておく必要がありましょう。つまりどういう身体の状態を以って、われわれはこれを「健康」と呼ぶのであるかということであって、まずこの根本の点を明らかにしないかぎり、本当のことは分らぬといってよいでしょう。では「健康」とは一体どういうものかという問いに対して、今一口で答えるとしたら、それはわれわれ人間の全身的な調和とバランスが、よくとれている状態だといってよいでしょう。

ところが、もしそうだとしますと、いわゆる体力が強健だということと健康とは、必ずしも同じではないというわけです。もちろん躰の強健な人は、がいして健康だと言えましょうが、しかし必ずしもそうとは言えないことは、かの学生時代に運動選手だったという人で、後日社会へ出てから、とかく病気になりがちだという例が意外に多いということは、皆さん方もすでに度たびお聞きでしょうが、この一事によっても、身体の強健と健康とが、必ずしも同じだといえないことがお分りかと思います。現に若いころ、自分は丈夫なんだからといって大食し、そのために意外に健康を損う人の少なくないことなども、あるいはお聞きかと思います。否、それどころか、長寿の人の中には、意外にも、若いころはそれほど強健でないどころか、中位か、時には弱かったというような人も、案外少なくないのであります。

では、どうしてそういう事になるかと申しますと、そういう人は、自分の体がそれほど頑健でないことをよく心得ていますから、つねに用心して無理をせず、いつも健康の全体的な調和とバランスを、破らないように注意しているからであります。これに反して、上に申した一部の運動選手などは、自分の体力を過信していますから、どうしても無理をしやすいのであります。ところが無理をするということは、全身のバランスが破れるということでありまして、その時そういう人は、結局は健康を損って病気になるのであります。ですから病気というのは、われわれ人間の全身のバランスが狂いかけた状態といってよく、したがって、いかに身体の頑健な人でも、ムリをいたしますと、結局、全身のバランスが破れて病気になるのであります。

そこで、「健康」にとって何よりも大事なことは、つねに無理をせず、全身の調和のとれた生活を保持するということであります。しかもそのために、根本的に大事なことは、つねに背骨を真っ直ぐに立てて、曲げないように、ということであります。何となれば、脊柱というものは、全身のいわば大黒柱ですから、これをつねに真っ直ぐにしていると、全身の釣合いがよくとれるからであります。すなわち、バランスがよくとれるというわけです。それ故、もし脊柱が曲っていても平気でいますと、いつしか全身のバランスに狂いが生じるのでありまして、それがある意味では万病の元になるといえるわけであります。ですから、若いころには、どちらかといえば弱かったような人で、晩年にいたって案外健康だという人は、ほとんど例外なく、つねに脊柱を真っ直ぐに立てている人だといってよいでしょう。

では次には、何が大事かと申しますと、それはやはり睡眠の問題だといってよいでしょう。そしてそれは、考えてみれば当然至極のことでありまして、もともと睡眠というものは、われわれ人間の一日の疲労を除くために、一ばん大事な事柄だからであります。人間というものは、食物はかなり永い間取らなくても、容易に死ぬものではありませんが、その間、もし全然水分をとらないとあったら危いのであります。すなわち、われわれ人間には、イザとなると、食物よりも水のほうが大事となるのであります。ところが、その水よりもさらに大事なのが睡眠でありまして、全然眠らぬとなったら、とうてい永くは生きられないのであります。

しかしながら、このように睡眠は、われわれの健康上ひじょうに大事なものではありますが、しかし睡眠が八時間以下になったら不足で、必ず体をこわす——という考え方も、またいけないと思います。それどころか、必要に応じては、あまり睡眠時間に囚われないで、仕事をやり抜くという一面がないと、いっかどの仕事はできないのであります。同時に、その辺のバランスのとり方は、実際にはなかなかむずかしいわけですが、しかし要点は、われわれの健康を保つ上からは、睡眠はもっとも大事な事柄ではあるが、しかし他の半面、あまりに神経質にそれに囚われないで、「必要に応じては伸縮自在に」というのが、睡眠に対する理想といってよかろうかと思うのであります。

では次に何が大事かと申しますと、それは食物であります。それもそのはずで、われわれ人間の体に入ってくるものは何かといえば、結局、空気と水と食物だからであります。そしてそのうち、新鮮な空気がいかに大事かということは、意外に知らずにいる人が多いようですが、最近も深呼吸によって、ある程度ガンが防げるという説を唱えている人さえあるほどです。深呼吸でガンが防げるなどといったら、人々の多くはまともに聞こうとはしないでしょうが、しかしガンという病気が一種の綜合的な文明病だということをよく考えるなら、必ずしも突飛《とっぴ》とのみは笑えないと思います。

そこで食物の問題ですが、それについては、大別して二つの問題があるといえましょう。そしてその一つは、何を食べるかという問題ですが、それに劣らず大切なのは、いかに食べるかという問題ですが、しかもこの方の大切なことを知っている人は、意外に少ないと言ってよいでしょう。

そこで、まず何を食べたら良いかという問題ですが、それについて真っ先に申したいことは、われわれ日本人には、玄米食が正食だということであります。現在これほどガンや中風の問題が深刻になっていながら、この点に対して正しい認識を持っている人は、意外なほどに少ないのでありまして、いわんやこれを実行している人に至っては、実に寥々として、その比率はきわめて少ないのであります。幸いにしてわたくしは、先師のお蔭で、早くからこの玄米食を実行していますが、これは一たん始めたら、容易に止められないのであります。つまり玄米食を始めますと、もう白米のご飯は水っぽくて、全然味がないようになります。

では、玄米食は何ゆえ健康によいかと申しますと、皮の部分に人間に必要な養分がたくさん含まれているからで、一たん玄米食を始めますと、もはや肉類などはあまり欲しくならなくなるのであります。それどころか、ひじょうな魚好きの人でも、それさえ無くてもすむほどであります。それゆえ肉類というような、われわれの体を酸性化する食物をとらぬということが、さまで困難ではなくなるのであります。

そこで以上を要約して、まず食物については㈠玄米食に切り換えること、そしてなるべく㈡野菜類を豊富にとって、㈢蛋白質は肉類からでなくて、なるべく植物性の蛋白に切りかえること、すなわち豆腐その他、大豆から作ったものにすること、それにもう一つ大事なことは、できるだけ㈣白砂糖を減《へ》らすということであります。それというのも、白砂糖は、肉類と共に、われわれの血液を酸性化する点で有力であり、しかもガンとか中風などという病気は、まず血液の酸性化がその基盤となっていると言ってよいからであります。

そこで最後にひとつ、わたくしの実行している健康法について申してみましょう。それには、上に申した㈠、二六時中つねに脊柱を真っ直ぐにしていること、これが一番の根本であり、次には唯今申したように、玄米食を実行しているわけですが、これら以外にもわたくしは、次の三つのことを実行しているのであります。そのうち、まず誰にでもやりやすいことから申しますと、㈠第一は「半身入浴法」です。これは入浴のさい、乳から上の上半身を、お湯から出しているということです、こういうと皆さん方は、「それでは冬なんか風邪を引きはしないか」と思う人もあるでしょうが、上半身を濡《ぬ》らしさえしなければ、たとえ信州や北国、または山陰地方などでも、絶対に風邪は引かないのです。そしてお湯の温度は、多少熱目の方がよく、また初めに顔を洗わず、乳から上を濡《ぬ》らさないで、じっと全身を温めるわけです。そして十分暖まったと思ったら、そこでおもむろに外へ出てよく洗うのです。もちろんその場合は、顔はもとより全身をよく洗うことは、改めて申すまでもありません。同時に、この「半身入浴法」がうまく行われますと、真冬でも、翌朝まで足先がホコホコと暖いのです。では、この「半身入浴法」の利き目はどこにあるかというと、それは全身、とくに下腹部をよく温めて、全身の血行をよく整えるということにあるのです。

では、次は何かと申しますと、㈡それは「無枕安眠法」と呼ぶものですが、これは文字も示すように、これ夜寝るときに枕をしないということであります。では、どのような利き目があるかと申しますと、これを実行すると、一日の疲労は一夜のうちに、スッカリ消えて無くなるのであります。それというのも、われわれ人間の頭は、体重の約$\frac{1}{3}$ほどの重さがありますが、それが枕をいたしますと、枕の高さに応じて、頭の重量の何分の一かが、背骨の第十二骨から十五骨にその重みが伝わるのでありまして、それが睡眠中約八時間もの間かかって来ますから、自然に背中のその部分――これを昔からけんびきと呼んでいますが――が凝《こ》るのでありまして、灸《きゅう》でもハリでもアンマでも、すべてこのけんびきの凝《こ》りを除《と》るのが、そのネライといってよいのです。ところが枕をしなければ、頭の重量は全部地球に吸いとられますから、さすがのけんびきも全然凝《こ》らなくなるのであります。もっとも、先の「半身入浴法」は、やろうと思い立てばその日から、しかも何の苦もなくやれますが、この「無枕安眠法」のほうは、多年枕をしてきた習慣上そうはゆかず、わたくしは一週間から十日で馴れましたが、ふつうはまず早い人でも二週間くらいはかかり、人によっては一カ月近くかかる人もあるようです。しかし一旦馴れてしまえば、やがてこれでないと寝にくくなるのであります。

第三は㈢飯菜分食法。これは分りやすくいうと、ご飯とお菜を口の中で一しょにしないように、一口ずつ別々に食べるという食べ方でありまして、この食べ方を実行しますと、どんなに胃の悪い人でも、しだいに胃の患《わずらい》から救われるのであります。では、どうしてそうかと申しますと、われわれ人間ののどは、食物がお菜かご飯、どちらか一方だけですと、十分に嚙《か》まないと、のどの番人が見張りをしていて、なかなか通しませんが、ご飯とお菜を一しょに口へ入れますと、のどの番人は、もはや見張りを止めますから、そしゃく不十分なままで平気でのどを通るのであり、そしてこれが胃の悪くなる根本原因であります。しかしこの第三の「飯菜分食法」というのは、いざ実行しようとしましても、以上三種の健康法のうちのどれよりも、むつかしくて厄介ですが、それだけにまたその効果も大きいのであります。

以上の三つは、現在わたくしが実行している健康法について述べたわけですが、しかし健康法としては、これら以外にも色々あるわけで、それらのうちどれをやろうと、それはその人の自由なわけですが、ただ人間は、なるべく早い年ごろから、自分の体に合った健康法を突き止めて、生涯それを実行するのが大切だと思います。

（今日のお話のうち、一ばん心を引かれたのは、最後にお話になった先生ご自身の「健康法」のお話だった。そして自分もさっそく始めようと思うが、それにはまず腰骨を立てることと、半身入浴法から始めたいと思う。友人のうちにも始める者があろうから、これらの友人と話し合うのも興味があろう。）

# 第二十二講——家族関係について

今日も道服姿の名児耶先生は、校長先生の先導でご入場。やがておもむろに壇上に上られて一礼の後、今日のテーマと、次のような山頭火の句をお書きになった。

山頭火

洗うてそのまま河原の石に干す
寝たいだけ寝たからだ湯にのばす
しぐるるや人のなさけに涙ぐむ
ずんぶり浸《ひた》る一日の終わり
また逢ふた支那のおぢさんこんにちは

今日も引きつづき、山頭火の旅の句のご紹介をいたしましょう。それというのも、山頭火ほどの俳人でも、ヤハリ旅の句のほうが概してすぐれているからです。

このことは、十数年という長い年月の旅を終えて、かれが山口県の片田舎の「其中庵」という破れ家に落ちついてからの句は、どうも旅の句ほどには冴《さ》えない句の多いことでも分ります。

だが、それも思えば当然といえましょう。それというのも、庵居の生活になりますと、近くにいる同志の人びとが、何かと心を配って、酒や食べ物をはこんでくれるので、いつしか甘えごころというか、生活にもたれ心が生じて、日々野垂れ死にを覚悟して生きる、旅の生活のような真剣さが遠のくからでしょう。

ところが一たん旅に出ますと、今も申すように、その日その日の食物は、自分で乞い歩かねばならぬわけです。ですから山頭火の場合、旅は文字通り命を賭けた旅であり、それこそ「生死の旅」だったわけですから、句が引きしまってくるのも当然でしょう。

今日の五句も、こうした眼でながめますと、一句一句、いずれも身に沁む思いがするでしょう。しかし一日一日、いわば自分を捨て切っているだけに、山頭火にはかえって一種の明るさがあり、そこからして、これらゆとりのある句も生まれるわけでしょう。ことに最後の句は面白いですね。それこそ、死の底に徹したところから生まれる明るさともいえましょう。

前回には、わたくしは「健康の問題」についてお話すると共に、終わりの辺では、わたくし自身の健康法についても、多少お話したのであります。もっとも、時間のつごうで申しませんでしたが、実はげんみつに申しますと、「わたくしの健康法」は、一般に「健康法」と呼ばれているものとは、少なくともその根本の動機の上からは、多少違っているのであります。

それというのも、普通に「健康法」というものを唱えている人々は、そのほとんどが、医者から見放された人々といってよく、そこでそのような健康上のドン底から、千辛万苦してついに一路を開き、当の医者自身も驚くほどの、健康体になられた人が多いのであります。そしてそこに到るまでの道行き、ならびにその到達した健康法を、人助けのために、万人に向って公開していられるといってよいでしょう。

ところが、わたくしの場合は、体質は「中の中」といってよく、けっして強健だとか、いわんや頑健などではありませんが、同時にまた、幼時に医者から見離されるというほどに、虚弱でもなかったのであります。そこで、まず普通の体質で中くらいの健康で、自分の健康を保つためには、一体どういう点に留意したらよいかと考えて、それを㈠入浴、㈡寝方、㈢食事、の仕方等について、それぞれどういうやり方が一ばんまともかと考えて、色々と多くの方々の研究にもとづいて、自分なりに突き止め、かつそれを実験し実践してきたのが、前回お話したようなものであります。すなわち、㈠正しい入浴法、㈡正しい寝方および㈢正しい食事の仕方というわけであります。そしてそれらの根本になっているのが、結局腰骨を曲げないということであります。ですからわたくしの場合は、「健康法」というよりも、まともな「正しい生活法」というべきものでしょう。

ところでわたくしは、人間の幸せというものは、結局しぼったら㈠自分の健康上何ら支障がなく、また㈡家族間に大した摩擦がなく、そして第㈢には、仕事というか職業上、これというほどの支障がなかったら、その人は、一おう幸福といってよかろうと思うのであります。すなわちわれわれ人間は、以上三つの身近かな事柄において、大して言い分とか支障がなければ、まずは「幸福」といってよかろうと考えるのであります。すなわちわれわれ人間は、以上わが身に関わりの深い三つの点において、さしたる不平がなければ、まずは幸福な人といってよいと思うのであります。ですから「幸福」というコトバを夢見て、何かすばらしいことでもないと、自分が幸福だと気づかぬというのは、その人の幸福観が間違っているのでありまして、それを正さなければ、いつまでたっても、その人は幸福になれないといってよいでしょう。

ところで、幸福の主なる条件として、わたくしは上に三つの条件をあげましたが、これらの三つは、われわれの生活の中で一ばん身近で、かつ切実な問題ですから、これらのうち、いずれか一つ、または二つにおいて支障があれば、どうしても悩まずにいられないのであります。したがって、このような人生における卑近でかつ切実な問題において、別にこれという支障がなかったとしたら、その人は、自分では幸福だとは思っていなくても、客観的に見たら、まずは幸福な人といってよいでしょう。

では、このような立場から考えて、以上三つの幸福の条件の中で、どれが比較的むずかしいといったらよいでしょうか。その点について、㈠の健康の問題は、もし多少なりとも故障があったら、事柄の性質上、絶対的といってよいでしょう。すなわち健康上の問題は、何人にもがまんができないと思うのであります。しかしそういう人は、他の二つの場合と比べたら、比較的少ないといえるかも知れません。

そこで問題は、㈡の家族間の問題と、㈢職業上の問題とが残るわけですが、しかしこれら二つの点について、一たいどちらがよりむずかしいでしょう。職業の方がむずかしいという人の少なくないことは、わたくしにもよく分ることであります。そして職業のほうが、悩みが多いという場合も、大きく分けたら二つの場合があるといえましょう。その一つは、いわゆる職場における「対人関係」のむずかしさというものでしょう。実さい人間関係というものはひじょうにデリケートで、すなわち自分と肌が合うかどうかということが、まず問題でありまして、自分と性分の合わない人と、同じ職場で一しょに仕事をしなければならぬということは、たしかに気を使う事柄だといってよいでしょう。

またそれとは違って、人を使う立場の人の場合でも、現在のような時代には、「人を使うは使われる」

ということわざもあるように、なかなか気を使わねばならぬもののようであります。いわんや資金のやりくりとか、その他経営面になりますと、とうてい人に使われている人の考え及ばぬような深刻な問題のために、日夜その心を砕くのであります。

しかしながら、職業上の人間関係というものは、むずかしいといっても、おたがいにまだ遠慮というものがありますし、またそりの合わぬ同僚だとか上役といっても、そのうちには、どちらかのポストが変わったりして、いつまでも変わらぬという場合は、ほとんどないと言ってもよいでしょう。ところが、ひとたび「家族間の関係」ということになりますと、それこそ「血」を分け合った間ですから、かりに性質が違うとしても、切り捨てるわけにはゆかないのであります。ですから、このように考えてきますと、どうも人間の幸福という点で、意外なほど深い役割りを果たしているのは、結局は家族関係といってよく、したがってわれわれは、何よりも家族関係に対して、深く心を用いる必要があろうと思うのであります。

ところが、一般世間では、どうもこうした点について、深く考えている人は、比較的少ないのではないかと思われます。それも一面からは無理もないことといえましょう。それというのも、家庭というものは、この広い世界の中で、唯一つの気がねのいらない、打ちくつろげるオアシスだという考えが、ふつうに人々の考えらしいからであります。そしてそれには、もちろんそれ相当の理由があり、根拠があるといってよいでしょう。だが、わたくしたちは、家族関係というものに対して、このような安易な考え方ではたしてよいものでしょうか。

それに対して、わたくしのまず申したいことは、なるほど家庭というものは、この広い砂漠のような世の中で、何ら気がねのいらないオアシスみたいな処だと申しましたが、しかしそれに対して、わたくしの申したいのは、それゆえにこそわれわれは、そうしたたった一つのオアシスは、極力これを大切にし、少なくともこれを汚さぬよう、つねに心しなければならぬということであります。同時に、このように家庭を唯一の心のオアシスだと考えたら、以上わたくしの申す事柄も、大いにお分りいただけるかと思うのであります。

ところが、世間の人々の多くは、はたしてこのように考えているでしょうか。はなはだあぶなっかしいと思うのであります。と申すのも、世間の多くの人々は、家庭を以って、ただ気楽にくつろげる場処とのみ考え、そのために、ある程度心づかいが必要だということを考えている人は、比較的少ないのではないでしょうか。同時にこの点こそ、一ばん楽しかるべきわが家が、時あって逆に居づらくなり、その極つまりには、地獄のような苦しみをなめている人も、広い世間には少なくない原因かと思われます。

それというのも、家庭内の事柄というものは、よほどヒドクならないかぎり、外へはもれないものですから、大ていの人は、わが家だけがこんなに摩擦が多いと考えているようですが、どういたしまして、大方の家庭にはそれぞれ人知れぬ悩みがあるものでありまして、ただよほどの場合でなければ、それが外部からは分らぬだけであります。

では、このような考えに立って、わたくしたちは一体どうしたらよいでしょうか。そこで、その点に対する心がけを、今一言で申すとすれば、まず皆さん方のように、一家の経済的責任を分担していない人は、「自分は宿料を免除されている一種の下宿人みたいなものに過ぎない」と考えるとしたら如何でしょう。同時に、もしこのように考えたとしたら、たとえどんな苦情があったにしても、我まんができないということはないはずです。かりに兄弟のうちに、まだこの点が分らなくて、サアといえば小言をいうのがいたにしても、「気の毒なことに、あれはまだこの点が分らないために、あんなだだをこねているのだ」と考えたら、たとえそれが自分より年上の兄や姉であっても、我まんができましょう。

これによってもお分りのように、家庭というものは、おたがいに我まま気ままを手放しで放言するために、むずかしくなるわけですから、「自分は一種の無料下宿人で、エラそうなことを言う資格はない」という考えが、心の底にハッキリしていたら、大して物言いは起きないはずであります。同時に、この点が分らなくて、つねに我まま気ままを言うようでは、結局その人が、まだ人生に対する甘えが除《と》れていないせいだという外ないでしょう。しかも「人生に対して――」などというのは、まだ一種のキレイごとでありまして、結局はいい歳をしながら、ご両親への甘えごころが、まだ吹っ切れていない証拠といってよいでしょう。

以上によって、皆さん方のような、まだ親のすね噛りの人々の、わが家における心がまえの根本は、一おうお分りになったかと思いますが、では立場をかえて、皆さん方のご両親としては、一たいどのように考えたらよいでしょうか。それについて、まず一家の主人としては、勤め先では、色々と人知れぬ気苦労や心づかいをして、辛うじて家族を養うだけのものを、わが家に入れるわけですから、それに対する心がまえとしては、「自分の親たちもまた、こうして自分たちを育ててくれたのだ」と考えて、「いわば青少年時代の借金を返すために、今こうして毎日働いているわけだ」と考えられたら、たとえ勤め先で辛い思いをした日でも、そのために家族に対して、不愉快な思いをさせてはならぬ——という気になるはずであります。主婦としても、もちろん同様ですが、しかしこの上くだくだしく申す必要はないでしょう。

そこで以上を要約して、もし一言でしめくくるとしますと、むかしの卓れた人々も言っているように、この世というものは、結局は仮りの宿であります。そこで「家庭における心がけ」の根本も、結局は家族の全員が「縁あってこうした旅の一夜を、共に泊り合わせた、いわば一種の〝相宿同士〟だ」と考えることでありましょう。そしてこれは単なる一場のたとえ話ではなくて、やがてはそれぞれ独立して、わが家から離れてゆくわけであり、ご両親にいたっては、いつかは、あなた方と別れる日があるばかりか、ついにはこの世からも、去ってゆかれる日がくるわけであります。したがって、そうしたことを、もし心の底にしっかりとつかんでいたら、家庭のイザコザなどというものは、元来起こり得ないわけであります。皆さん!!そうではないでしょうか。

(先生の今日のお話は、何ゆえかいつもと違って、どこか沈痛な響きがあったようである。)

# 第二十三講——友情について

道服姿の名児耶先生は、今日も校長先生の先導でご入場になり、やがて壇に上られて一礼の後、今日のテーマと次のような山頭火の句をお書きになった。

秋の空高く巡査に叱られた
ホイトウと呼ばれる秋のしぐれかな
手ばなかんでは山を見てゐる
剃り立ての頭にぞんぶん月の光
法衣ふきまくるはまさに秋風

山頭火

今日もまた山頭火の旅の句のつづきです。わたくしは一向倦きないですが、皆さん方はいかがですナ。

ところで、今日の句には、㈠や㈡のような、これまで無かった句も掲げてみました。それというのも、一般に心なき人々、とくに若い人々の中には、何物にも拘束されない山頭火の旅を、あこがれる人が少なくないようですが、しかし山頭火の旅は、たびたび申すように、その日その日の死がかかっていますから、㈠の句のように村のまわりで「行乞一切まかりならぬ」という場合には、行乞はまったく上がったりで、それではその夜の宿に泊まれないばかりか、時には夕食にもありつけぬという場合さえあるわけです。

またそうまではなくても、心ない子どもたちは、山頭火の行乞姿をながめると、「ホイトウ、ホイトウ」（乞食の意）といって、はやしたてる場合も少なくなかったようです。しかもこのような旅の中でも、かれは時々伸びた自分の頭髪もからねばならぬわけです。同時にこのように考えて来ますと、第五句の味わいが、しみじみと感じられるではありませんか。

さて、今日はひとつ「友情」という問題について、考えてみたいと思いますが、その場合わたくしには、一つの忘れ難いコトバがあるのであります。それは「すべての人間関係のうちで、最上なものは友情である」というコトバでありまして、これは他ならぬ内村鑑三先生のおコトバなのであります。そうしてここで、「すべての人間関係」といわれている中には、親子や夫婦、また兄弟というような、血縁にもとづく人間関係までも、当然入っているといってよいのです。ですから、わたくしははじめてこのコトバを聞いた時、一瞬ちょっと異様な感に打たれたのであります。それというのも、「親子や夫婦、また兄弟などという肉親の関係よりも、〃友情〃のほうが上位にある」といわれるのですから、当時のわたくしには、何か承服し難いものが感じられたのであります。しかしそれにも拘らず、そこにはやはり深い真理がこもっているのでしょう。

その後も永くこのコトバが、わたくしの心の底から消えなかったのであります。実際ほんとうの真理というものは、そういうものでありまして、最初はじめて接した時には、どうも直ぐには納得できないものがあるが、しかしだからといって、それを忘れるわけにもゆかず、そのうちに「時」がたつと共に、しだいにそれが心の中に根を下ろして、「時来たれば、やがて発芽する」――というようであります。そしてこの内村先生の「友情」についてのおコトバなども、わたくしにとっては、そうした経路をたどって、しだいに心の中に根を下して来たのであります。ですから、最初自分に納得がゆかなかったり、あるいは反撥を感じたからといって、すぐに捨てて顧みないというような態度では、ほんとうの深い真理とは、ついに無縁といってよいでしょう。

では内村先生は、真の友情に対して、何ゆえかくも高い評価を下していられるのでしょうか。今それについて考えますと、友情には何ら「血」につながるものがないと同時に、そこには何ら利害の念というものも介入《かいにゅう》していないからでしょう。なるほど、この世における親子や夫婦、また血を分けた兄弟姉妹というような肉親関係は、それこそ切っても切れない「血」につながる深い人間関係ですが、しかしそれはいわば「肉」のきずなによる関係であり、したがってそれは、唯今も申すように、それこそ「切っても切れぬ関係」といわれるゆえんであります。すなわちその場合、これらの人間関係を成立させている根底には、生理的な「血」に根ざす強いつながりがあるのであります。しかしそれはまたそれゆえに、ある意味では、その純粋性において、「友情」には及ばないという見方も成り立つわけでありまして、初めに申した内村先生のおコトバは、実はこうした立場にたっての発言と分れば、必ずしも納得できないわけではないでしょう。

しかるに戦前のわが国では、永い間家族主義の道徳が至上と考えられて来たために、「友情」というものの持つこうした純粋性に対する認識が、とかく閑却《かんきゃく》されがちだったと思うのであります。もちろん、「友情」というものの真価に気づいていた人が、全然無かったというわけでは決してありません。しかしそれを親子・夫婦・兄弟などとの対比において考えるということは、どうも欠けていたと思うのであります。

実さい親子、夫婦や兄弟などという肉親関係というものは、唯今も申すように、いわゆる「切っても切れぬ関係」でありまして、お互いに相手のうちに、自分としては好ましくないと思うような色々な欠点を見ていても、だからといって、その関係を断ち切るということは、できないのであります。もっとも、こうは言っても現在のわが国では、親子の間でも感情の疎隔《そかく》のために、意志の疎通《そつう》の欠けた親子関係も、時にはないわけでもないようであります。また夫婦関係に至っては、離婚ということは、もちろん戦前にも無いわけではありませんでしたが、しかし最近では、それがいちじるしく激増しているようであります。またむかしから、「兄弟は他人の始め」ということわざもあって、たとい同じ親の腹から出たといっても、その間柄がつねに純粋だとはいえない場合も、時にはあるようであります。

ところが、今これらの肉親関係とくらべますと、友人関係における真の「友情」というものは、文字通り純粋《いい》ということができましょう。そしてそれは、肉親関係においてのように、いわゆる「血」につながるところからくる、見えない強制というものがないのであります。また真の友情という時、そこには何ら利害関係の介入がないのであります。もっともこう申しますと、人によっては、「いや友人の間柄といっても、裏面には利害関係の混入する場合も少なくはあるまい」という人もありましょう。しかしながら、それは親しい友人関係の結果、互いに相手のために便宜《べんぎ》を計る場合の、少なくないことをいうのでしょう。したがってそれは、結果的というか第二次的なものであって、もし最初から利害の念が第一になっていたんでは、それ自体真の意味の「友情」というわけにはゆかないのであります。

では「友情」とは、一体どのようなものをいうのでしょうか。この点については、わたくしは大たい次のように考えるのであります。それは「友情とは、年齢がほぼ等しい人間関係において、たがいに相手に対して、親愛の情を抱くことである」と。このように、友人関係において最も特徴的な点は、双方の間にあまり大して年齢のひらきがないということ、そしてたがいに相手の人格に対して、ふかい親愛の念を抱くということが、「友人」関係におけるもっとも根本的な特徴といってよいでしょう。したがって「友情」という場合、その根底には必然に、同等平等の人格関係が予想せられるわけであります。同時にこの点が、「友情」が家族というような肉親関係はもとより、師弟関係とも違うゆえんであります。何となれば、師弟関係における最大の特徴は、尊敬する側と尊敬される側という、次元を異にした人間関係が、その基本的性格を為しているからであります。しかるに真の友人関係というものは、上にも申すように、ほぼ同年齢なうえに、両者の間に人格的次元の差を認めないというところに、その特徴があるわけであります。

そこで、ついでにここで、わたくしのいわゆる「畏友」というものについても一言して置きたいと思います。この「畏友」というのは、友人関係の一種ですが、それは相手の人格を尊敬して、たがいに「及び難し」との念を、双方共に、相手方に対して抱いている間柄をいうのでありまして、これこそ一切の人間関係の中にあって、最も貴重なものといえましょう。すなわちそれは、普通の意味における「友情」と「師弟の情」との中間に位する稀有の友情関係といってよいでしょう。

では「友情」において、最も大切なことは何かというと、それは互いに相手方に対して、人間的な信、頼感を持つということでしょう。しかもそれが、生涯にわたって持続するということであります。実さい生涯持続しないような友情は、真の友情とはいえないでしょう。それというのも、もしそうでなかったとしたら、それこそそれは、相手を自分のために利用しようとして近づいたと言われても、仕方がないのであります。したがって、また真の友情にあっては、双方の社会的な身分の上下とか、貧富の差などというものは、一切問題にならないのであります。そこでこうした真の友情関係というものは、小学校時代の友人関係において、特に多いといってよいようです。

われわれ人間は、真の友情についていては、古来その実例は枚挙に暇ありません。さしあたっては太宰治によって文学的に表現せられた「走れメロス」の一文に、その一つの典型を見ることができましょう。すなわちそこには、自らの「死」を賭けた友人への人間的信頼が見られるわけでありまして、このように真の友情というものは、つねに相手のために自己を犠牲にすることを厭わない自己献身が含まれているわけであります。同時にこうした点からしても、真の友情は、一切の人間関係の中で、最高最貴なものとされるわけであります。何となれば、親がわが子のためにわが身を捧げ、また妻が夫のためにわが身を捧げるということは、もちろんそれぞれ貴いことではありますが、しかしそこには、「血」につながり「肉」につながる必然があります、しかるに真の友情における献身には、何らそのような血につながる必然はないわけです。

同時にそこからして、「友情」に対する根本原理が引き出されるわけであって、それはすなわち、常に相手に対して、その「信頼を裏切らない」ということでしょう。そして一切はこの一事に尽きるといってよいかと思われます。すなわちそれほどまでに、「相互信頼」ということが友情を支え、かつこれを持続させる根源力なのであります、ところが「友情」というものは、しばしば申してきたように、肉のつながりでないために、それは最も純粋な人間関係といえると共に、万一いずれか一方が、その信頼を裏切るようなことを致しますと、たちまちその非常な脆《もろ》さが露呈せられるのであります。

そもそも「友情」というものは、その最初は何ら意図的な計らいによるものではないわけです。なるほど、時には「ボクはどうもあの君と仲良しになりたいものだ」と思って相手に近づき、ある程度までは親しくなる場合はあるとしても、そうした意図的打算的な関係は、真の友情とはいい難く、したがって決して永続するはずはありません。このように友情というものは、その最初の起こりには、何ら意図的なものはないはずですが、しかし一たん成立した後は、やはりある程度の努力は必要であり、ここにもこの地上における人間関係の制約があると言ってよいでしょう。そしてそのような努力のうち、最大なるものとしてわたくしは、文通とくにハガキの活用をお奨めしたいのであります。

それというのも、皆さん方は、現在ではこうして毎日顔を合わせていますから、双方の意志の疎通に、何ら事欠くことはありませんが、しかしひとたびこの学校を卒業して、それぞれの進路に分れますと、意志の疎通の実際的な方法としては、ほとんど文通とくにハガキを主とする文通の他ないでしょう。そして「アイツこのごろ何しているんだろう」と思ったら、何ら用事はなくても、すぐにハガキとペンをとって、近況を報じるというわけです。実さい近頃のように忙しい時代になりますと、用事が無いのに人と人とが逢うということほど、ぜいたくなことはないともいえましょう。したがって、いかに親しい間柄だといっても、また、たとえ同じ町に住んでいたにしても、ひとたび双方が社会人となって、それぞれ責任のポストにつきますと、家がごく近いというような例外的な場合を除けば、一年間でもおそらく数えるほどしか、逢う機会はないといってもよいほどでしょう。

ところが、ハガキを活用することにしますと、週に一回の文通も何ら負担にならないどころか、おたがいにこれほどの心の喜びはないといってもよいでしょう。いわんや遠く離れている場合には、年に一度逢うことさえ、思うに委せぬことでしょう。ですから、ハガキによって互いに友情を温め合うことほど、世にも楽しいことはないわけです。同時にこれに反して、如何にそのかみ相許していた間柄といっても、おたがいに逢う機会がなくて、ただ年賀状の交換だけというようなことになりますと、よほどの例外的な場合を別としては、とかく疎遠になりがちになるのであります。

さて以上述べた事柄は、とくに女性の場合には一そう適切に、さらには深刻に当てはまるといえましょう。それというのも、女性の場合は、一たん家庭の人となりますと、家事や子どものために、他出ということが自由になりませんから、いかに親しかった間柄でも、近くにでも住んでいないかぎり、メッタに逢う機会はなくなるからであります。ですから、女性が友情を持ち続けるには、男性と比べて、三倍から五倍もの努力を必要とすることでしょう。そして友情持続の方法としては、やはりハガキの活用が第一であり、次に同じ都会に住んでいる場合には、電話の活用も、女性にとっては認められてよいかと思います。とにかく女性の場合には、「何ら気兼ねや遠慮なく、一切が打ち明けられる真友」の必要は、男子と比べて、これまた三倍五倍といってよいでしょう。したがってまた、女性同士の友情は、男子のそれと比べて、その価値もまた三倍五倍といってよいかと思うのであります。

最後に念のために一言すれば、男女間の友情が長続きするということは、この世における最大の至難事といってよいかと思います。その理由については、もはや時間が参りましたから、今日は申し上げませんが、よく考えて頂きたいと思います。そしてよく考えたら、あなた方なら必ずやお分りになられると思います。

（今日のお話は、大へん深く教えられる処があった。そしてそれは、これまで「友情」については、色々と考えてきたものの、今日お聞きしたほど深く、かつハッキリとは突き止めていなかったからである。）

# 第二十四講——人間の真のネウチはどこにあるか

名児耶先生には今日も道服姿で、校長先生の先導でご入室。やがておもむろにご登壇、一礼の後、今日のテーマと次のような山頭火の句をお書きになられた。

行き行きて倒れるまでの草の道
少し熱がある風の中を急ぐ
空たかくおべんたうをいただく
光あまねく御飯しろく
しぐるるや道は一すじ
山頭火

今日もまた引きつづき、山頭火の旅の句をご紹介いたしますが、どうも一種の病みつきになったみたいですね。少なくとも、そういわれても仕方がないようです。

さて最初の句は、読めばだれにも一おうの意味は分りますが、しかしそのほんとうの味わいは、結局わたくしどもには、分らぬのではないでしょうか。それというのも、この句の底には、ウッカリすると、自分は野垂れ死にするかもしれない——という悲壮な覚悟が秘められているからです。どうかそういうつもりで、もう一度読み直してみて下さい。いつ自分は旅で倒れるかも知れない。だが、自分としては、旅を止めるわけにはゆかない。何んとなれば旅を止めたら、行乞以外に生きるすべを知らない自分としては、結局死ぬ他ないのだから——。

そこからして、第二句なども、「もし自分も山頭火のような身の上だったら――」と考えて読み直してみて下さい。すると、この一見何でもなさそうな句が、簡単には読み過ごせなくなりましょう。すなわちこの句は、山頭火が前の晩、寝冷えか風邪でも引いて、微熱が出ているので、一刻も早く宿について寝たいと思って、風の中を急いでいる――とでもいう句なんでしょう。そして万一旅先で寝つきでもしたら――それこそ「死」の他ないわけです。

しかしながら、旅もまたいわゆる「照る日曇る日」であって、時には㊂や㊃の句のような場合もあるわけです。いずれも、何ら説明は不要でしょう。しかしこれらの明るい句も、やがてはまた第五句の示すようなことになるわけです。だが、それにしてもこの句は、ちょっと見たところでは、一向眼立ちませんが、しかし案外山頭火の生涯を象徴している句の一つかも知れません。

さて先週は、ご承知のように「友情」の問題について、わたくしの考えのあらましをお話いたしましたが、ほんとうからいえば、それに対して皆さん方の考えもお聞きし、さらには皆さん方ご自身の、「友情観」についても書いて頂いたりして、それらをも拝見した上で、色々補うというような進め方をしたら、わたくしのこの講話も、もう少しましなものになったのではないかと思わぬわけではありません。否、それはひとり「友情」というテーマだけでなく、その他の題目についても、もともとそうするのが本当だと、思わぬわけではありません。しかし何分にも、二百名を越す多人数の皆さん方のこととて、そうした事のどれ一つも、実際にはできないのであります。

現に今日お話しようと思う、この「人間の真のネウチはどこにあるか」という問題にしても、できれば今申したような手続きをへた上でお話したら、皆さん方にとっても一そう興味があり、また為にもなろうと思わぬわけではありません。しかし何分にも唯今申したような事情なので、現実にはそれが叶《かな》わぬわけでありまして、この点についてはわたくしも、いつも気になっていますので、ついでにこの際お断わり申すしだいであります。

さて本日は、すでに申したように「人間の真のネウチはどこにあるか」というテーマで、考えてみたいと思いますが、しかし、こうした問題について皆さん方は、これまで一度だって真剣に考えられたことがあるでしょうか。しかし皆さん方も、もう子どもではありませんから、この辺の年ごろから、ボツボツこうした人生の問題についても、考えられる必要があろうかと思うのであります。そこで今日は、それへの手がかりとして、この問題、すなわち「われわれ人間の真のネウチは、一たい何によって測定したらよいか」という問題について、ご参考までに、わたくし自身の考えを申してみたいと思うのであります。では何故こうした問題を、取り上げる気になったかと申しますと、この問題は、わたくしたちにとって、非常に大事な問題であるにも拘らず、多くの人々が、案外ハッキリしていないんじゃないかと思われるからであります。

ところが、この点がハッキリいたしませんと、自分自身が、この二度とない人生を、一体どのように生きたらよいかということさえ、十分には分らないわけであります。それはいわば、自分の行く先を知らない旅人みたいなもので、それでは日暮れまで歩いてみても、結局目的地には、ついに到達しないで終わるわけであります。同時に、世間の様子を見ていますと、案外そういう人のほうが多いとも言えるようであります。そこで、今日はひとつこの点について、一おうハッキリした回答がつかめたらと考えるわけであります。

さて、この問題について考えるにあたり、もし問題を「人間にはどういう徳性が必要か」ということにしたら、おそらく皆さん方のどなたも、かなり多くの徳目を並べられることでしょう。たとえば、正直とか誠実とか、また至誠とかまごころとか。また多少方向を変えれば、節約とか勤勉とか、あるいはまた努力・勇気・信義、さらにまた親切とか慈愛等々、挙げ出したら際限のないほどでしょう。しかも、これらの徳目は、どの一つをとってみましても、わたくしたちが、リッパな人間になるために必要でないものは、一つもないのであります。否、それどころか、これらの徳目の間に、優劣の差をつけることさえ、なかなか容易でなく、ほとんど不可能といってもよいほどであります。

しかしまた、この点がわたくしどもにとっては、真の人間になる修業の中で、かえって戸惑うわけでもあります。それはちょうど、余りたくさんのご馳走を一時に出されますと、一体どれから箸をつけたらよいか、迷うようなものであります。そこで、以上述べたような徳目は、そのうちどれ一つをとっても、必要でないものはないばかりか、上にも申すように、その間には優劣さえも、たやすくはつけかねるような有様であります。そこでわれわれとしては、これらの点をよく考えた上で、一度根本に立ち還って、人間の真価、すなわちわれわれ人間にとって、真のネウチというものは、一たいどういう点で測ったらよいか、という問題を突き止めることは、案外必要どころか、ひじょうに重要な事柄ではないかと思うのであります。つまり人間の真のネウチをギリギリのところまで絞《しぼ》って行ったら、一体どういうことになるかという問題であります。

ところがこの点について、わたくしに非常にリッパな示唆を与えて下さった方があるのでありまして、それは隠岐の「学聖」と言われている、理学博士の永海佐一郎先生であります。もっとも永海先生については、いずれ機会を見て、多少くわしくご紹介したらと思いますので、いまは深くは立ち入りませんが、わが国の無機化学界における世界的水準の学者でありながら、東京の工業大学を停年でご退職になると、ただ一人のお母さんのために、郷里の隠岐へ帰られて、そこで最後の世界的なご研究と取り組まれて、日夜孜々《しし》として没頭していられる方であります。わたくしは、十数年も前からご縁がありまして、大へんお親しく願っているのであります。

ところでこの永海先生という方は、この「人間の真のネウチはどこにあるか」という問題について、早くからお考えになっていられ、その結果ついに次のような定式を立てていられるのであります。

仕事への熱心さ×心のキレイさ＝人間の価値

すなわち先生によれば、人間の真のネウチというものは、㈠その人がどれほど自分の仕事に忠実であるかという事と、もうひとつは㈡心のキレイさにあるといわれるのであります。したがって先生の眼から見られると、自分の職務に対して不十分な大臣より、職務に忠実な小学校の用務員さんのほうが、人間の真のネウチは上位にあるというお考えなのであります。そして先生は、実際にこの通りのお考えで生きていられるのであります。そういう点からも、わたくしなどのように、先生をよく存じている者から見ますと、このお考えほど、先生のお人柄のよく窺われるものはないと思うのであります。

では、人間の真のネウチという問題について、この永海先生のお考えに対して、わたくしは一体どのように考えるかと申しますと、さすがに一世の化学者が、その一代かけて到達せられた結論だけに、まったくその通りであって、そこには何ら異論をさしはさむ余地はないといえましょう。実さい考えてみれば、これは先生のような、天性心の清らかな方が、しかも自然科学者のために、かくも明白な断案に到達せられたものと思われます。ですから、もし先生が自然科学者でなくて、他の人文科学とか、あるいは精神科学などを専攻していられたら、先生ほどの方でも、かくも明白な断案には、あるいは到達せられなかったとも思われるのであります。と申しますのも、自然科学という学問は、物いわぬ自然界の事物をその研究対象とするゆえ、人間的な煩悩のもやもやが沈澱して、かき立てられないからであります。

では、このような永海先生のお考えに対して、わたくし自身は一体どう考えているかと申しますと、上にも申したように、根本的にはまったく同感でありまして、その明確さに対しては、心から敬意と讃歎の念を禁じえないのであります。では、もしそこに多少の違いがあるとしたら、どういう点かと申しますと、それは「心のキレイさ」ということは、わたくしのような人間には、とうてい及び難いことですから、せめて「心の暖かさ」とでもして頂けたらと思うのであります。つまり心のキレイな人間ということになりますと、わたくしなどとうてい及びもつきませんので、せめて「心の暖かい人間」というのでしたら、自分もそういう人間に、なれたらなりたいものだと思うのであります。

ではついでに、「心のキレイな人」というのと、「心の暖かい人」というのとでは、そこにどのような違いがあるというのでしょうか。この点については、まず「心のキレイな人」というのは、根本的には「無私」の人ということでしょう。すなわち、多少でも私心の曇りがあったら、「心のキレイな人」というわけにはゆかないでしょう。ではそれは実際問題としては、どういう姿をとって現われるかというと、わたくしの考えでは、「報いを求めない心」というものではないかと思うのであります。すなわち、「無《む》償《しょう》の行」のできる人ということであります。ところがこれは、わたくしのような人間には、実に容易ならぬことであります。

このように、わたくしは、自分の分際というものをよく承知していますので、そこで一ケタか半ケタかは存じませんが、少し基準をゆるめて、「キレイな心」の代わりに「暖かい心」ということにしたらどうかと思うのであります。そして、これでも許されるとしたら、わたくしみたいな人間でも、あるいは合格線すれすれの辺へ近づけるかとも思うのであります。同時に自分を基準として、人様のことを推し測るのもいかがと思いますが、「心のキレイな人」というのでは、とうてい及びもつかぬと断念する人でも、「心の暖かい人」ということでしたら、もしそのつもりになれば、かなりに多くの人が、「それなら自分もひとつ努力してみよう」ということになるかも知れぬと思うのであります。

さて以上、「心のキレイさ」ということと、「心の暖かさ」ということの違いが、皆さん方にもお分りでしょうか。「心がキレイ」だということは、上にも申すように、人のために尽しながら、何ら報いを求めない心ということであり、いわゆる「無償の行為」のできる人ということでしょう。言いかえれば、

「無償の精神」に徹した人ということであります、ところが、「心の暖かい人」というのは、人のために親切にするという方に主眼が置かれていて、その人の報いを求める心が、完全に根切りにされているかどうかは分りません。もちろん、ここで報いを求める心というのは、こちらがした通りのことを相手にもしてくれるように——というのではありません。しかしせっかく骨折って、相手の人のために人知れぬ苦心をしたのに、一言の礼も言われないとなると、時にはそれが気になるというようなことは、皆さん方にも無いとはいえないでしょう。そしてわたくし自身も、省みてまずはその程度の人間だということであります。ですから、余りエラそうなことは言えぬということを、よく承知していますので、一おう永海先生より一段か半段下がったところに、基準を置くことにしているのであります。しかしわたくしとても、これで良いとか、いわんやこれで十分だなどと、考えているわけではありませんので、死ぬまでには、何とかして「心のキレイ」な人ということを、人間のネウチの基準にしたいと考えているしだいであります。

（今日お聞きした問題についても、これまで考えたことが無かったわけではない。しかし今日ほどハッキリと考えたことは一度もない。それだけに大へん得るところが多かったが、とにかく人から暖かい人間と思われるような人間になるということは、非常に大切な事柄といってよいだろう。）

# 第二十五講——三つのコトバ

今日も道服姿の名児耶先生は、校長先生の先導でご入場。やがておもむろに壇上に上られて、一礼の後今日のテーマと、次のような山頭火の句をお書きになられた。

大地ひえ〲熱のある体をまかす
熱あるからだをなが〲と伸ばす土
このまゝ死んでしまふかも知れない土にねる
食べてゐるおべんたうもしぐれて
墓が並んでそこまで波がおしよせて

山頭火

今日もまた、山頭火の旅の句のつづきですが、しかし今日の句は、ある意味では、これまでにかつてなかったほどの深刻な句ともいえましょう。

それというのも、初めの句は、一読してすぐ分るように、今日は熱があって、まことにけだるく、もはや歩く元気も無くなってしまった。しかし手もとに薬一服あるではなく、もちろん高い診察料を払って、医者に見てもらうわけにもゆかない――。そこで、どうにも仕方がなくて、山頭火はそのままゴロリと、大地の上に身を横たえたわけです。するとどうでしょう。冷えびえとした大地に触れたその感触の快さ。「大地の恩」というものが、しみじみと、じかに伝わって来たというわけです。

そこで思い切って、ながながと自分のからだを土の上に伸ばしてみた。こうした経験は、これまでにあまり無かったことだが、それにしても、マア何という深い安堵感であろう――と。だが、もちろんそれは、ホンの一瞬のことであって、やがて「自分はこのままだと、あるいは死ぬかも知れない――」という、深い不安感におそわれるわけで、それが第三句でしょう。

さて次の第四句の場合は、もちろん別の日のことですが、同じおべんとうでも、前回の句のように、大空の下で食べる場合と、このようにしぐれの中で食べるのとでは、それこそ天地のひらきがあるといえましょう。

そして、それはやがて、また、第五句のような情景につながるともいえましょう。墓が並んでいるというだけでも寂しいのに、その近くまで波がおし寄せているとなると、ひとしおの寂しさが感じられましょう。それというのも、そのうちいつか、その墓地の全部が海中に陥没するかも知れないという、深層意識的な予感のせいでもあるのでしょうか。

さて、前回は、「人間の真のネウチはどこにあるか」と題して、人間のほんとうのネウチは、一たい何によって測ったらよいかという問題について、お話したのでした。そしてそれには、わたくしが永い間尊敬している、隠岐の「学聖」の永海佐一郎先生のお考えを基《もと》にして、それをわたくしなりに、皆さん方に分って頂けるようにと、お話したのであります。

ところで今日は、それに引きつづき、わたくしが戦後、心にふかく感銘した二つのコトバをご紹介すると共に、最後にもうひとつ、先師有間香玄幽先生のおコトバを足して、「三つのコトバ」として、お話してみたいと思うのであります。戦後とは言っても、わが国の敗戦は、昭和二十年八月十五日でしたから、それから数えますと、もはや四分の一世紀以上の歳月が流れているわけでありまして、ここにいられる皆さん方は、いずれも戦後に生まれた方々ばかりであります。それ故われらの民族が、戦時中いかに物資に窮乏したかなどということはもとより、いわんやあの敗戦後数年間の、まるで地獄の底をくぐるような、「食糧難」の時期などについては、だれ一人知っている人はないわけであります。そして皆さん方が、やっと物ごころのついたころは、わが国の生産力もかなり上昇していたので、ご両親が、窮乏のドン底で、皆さん方を育て上げられるのに、どんなに苦心せられたかなどということは、皆さん方はおそらく一生かかっても、お分りにはならないでしょう。もちろんそのこと自身は、皆さん方の責任だというのではありません。しかしながら、あなた方ももはや中学生になられたのですから、こうした事柄についても、ある程度は知っている必要があろうと思うのであります。そしてそれは、植物でいったら、いわば根を固めるにも似て、皆さん方の自己確立の上からも、深い意味のある事柄だと思うのであります。

このように、戦後におけるわれらの民族の歩みについて、そのあらましを知っているということは、非常に重要な事柄であるにも拘らず、一部の専門家はとにかく、国民一般には、まだ十分明らかに把握されてはいないように思うのであります。

そこで、こうした方面の事柄については、全く素人のわたくしですが、今日の話に入る準備としてご参考までに大まかな展望を申してみますと、わが国の戦後の思想的歩みは、大たい三期に区分できるように思うのであります。そして第一期は、終戦から昭和三十二、三年ごろまで、それは占領期間中は一年を二分の一年と計算すると、大たい戦後満十年というころであります。その間、思想的にはわが国は、米ソ両国の思想がたがいに衝突しながら、流れこんできた時期といってもよいでしょう。

では次の第二期はというと、それは昭和三十二、三年から昭和四十二年ごろまででありまして、この時期は、第一期における米ソの両思想、すなわち民主主義と共産主義とが、多少は消化せられ出したともいえる時期であって、とくに第二期の終わりに、戦後二十年と明治百年とを同時に迎えたということは、考えようによっては、一つの「天機」となったと言ってもよいかとさえ思うほどであります。そして、わたくしがこれからお話しようと考えている、三つのコトバのうちの二つは、大たいこのような時期に発せられたといってよく、そこにはまことに、かりそめならぬものがあるともいえましょう。

ところで、わたくしがここで申そうとしている「三つのコトバ」の一つは、このような戦後第二期の終わりに近いころ、例の岡潔博士がその著「春宵十話」の中で力説せられている「他人《ひと》を先にして己れを後にせよ」というコトバであります。これは博士がまだ子どものころに、お祖父さんから教えられたものだそうですが、このコトバの意味するものは、どのような時代においても当てはまる、不変の価値をもつコトバといえましょう。しかもそれが、戦後のわが国において、戦後の思想的混乱のさ中において、国民の前に提出せられたことの意義は、大きいと言ってよいでしょう。もっとも、このように申しますと、「では岡博士は電車や汽車が混雑している場合、一体どうされるのだろう――」などと、皮肉をいう人も、時にないでもないようですが、しかしそれにも拘らず、このコトバ自身の中にふくまれている真理性には、ある永遠なものがあるといってよいでしょう。

では、次にわれらの民族が耳にした、「天」のコトバともいうべきものは、一体どういうコトバだったでしょうか。同時にそれは、何人を通して民族に向かって呼びかけられたのでしょうか。ところがそれは、わたくしの考えによれば、かの日紡バレー団の監督だった大松博文氏の、「敵に勝たんと欲するものは、まず己れに克て‼」というコトバではないかと思うのであります。そしてこのコトバのもつ真理性は、その真理たる点においては、かの剣聖宮本武蔵の思想信念と、本質的には相通じるものがあるとさえ言えましょう。ついでながら、これは前の岡博士の場合にもいえることですが、わたくしたちは、ひとつのコトバのもっているその真理性は、それを発した人の人柄、ないしはその人の社会的地位などによって左右されないで、素直にそのコトバ自身の内に含まれている真理性を受けとめ、これを噛みしめるという態度が大切ではないかと思うのであります。

そのころ大松さんは、一民間会社の庶務課長の地位でしたが、その任務を全うしつつ、また選手たちも同様に、会社で終日女工員としての勤めを果たしたその選手たちに対して、「猛訓練」という程度では、とうてい表現しえない鍛錬の極致において、強大なソ連の、しかもプロ選手団を相手にして、ついに勝利の栄冠を獲得した大松監督の全信念の表白として、そこにはやはり一種永遠の真理というべきものが宿っていると言ってよいでしょう。

では、わたくしが、今日テーマとして掲げた「三つのコトバ」のうち、もうひとつの第三のコトバというのは、何でしょうか。それは、先師有間香玄幽先生が、わたくしども同志に残されたおコトバの一つの、「義務を先にして娯楽を後にせよ」というおコトバなのであります。しかもわれわれ同志の者が、このコトバを先師からお聞きしたのは、もちろん岡博士や大松監督などが語られたよりも、年代的には遙かに先立つ時期だったのであります。しかしわたくしにしてみれば、先師は、この一見いかにも地味なおコトバにこもる偉大な真理を、ひそかにわれらの民族の今日のために、あらかじめ用意して置かれたかの感がするのであります。

それというのも、岡博士の「人を先にして己れを後にせよ」というコトバは、その真理性としては確かに永遠性をもつわけで、いやしくもこの地上に人間が生存しているかぎり、消えることのない不滅の真理だとは思いますが、しかしお互いに静かに自己を省みる時、はたして如何ほどこの偉大な真理を実践していると言えるでしょうか。自らの内省を深めるに従って、その到り難さがいよいよ痛感せられるのであります。さらにまた、大松監督の「敵に勝たんと欲するものは、まず己れに克て」というコトバのもつ真理性も、先ほど申すようにこのコトバは、ある意味では宮本武蔵にその源流を発する、勝敗の世界における不朽の真理と言ってよいでしょう。もちろんそれは、その真理性たる点においては、ひとり「武」の世界にのみ限られるものではないわけです。しかしながらその触媒の機となったものは、やはり勝敗の世界なのであります。

しかるに、先師の残されたこの「義務を先にして、娯楽を後にせよ」というおコトバは、そのあまりにも地味で目立たないために、人々の多くは、その妥当《だとう》する領域のいかに広大であるかに気づく人は、案外少ないかも知れぬと思うのであります。しかしながら、そこにこそわたくしは、先師の憶念していられた世界が、最下の庶民的階層から、さらにはガンゼない子どもの世界をも包摂していられた広大さを、今さらのように痛感せしめられるのであります。

もちろん、以上三種のコトバに内包せられている真理性は、もしこれを根本的に考えたら、結局は一つといってよいでしょう。したがって皆さん方も、これら三つのコトバのうち、どれと取り組まれようと、それはまったくご自由ですが、ただ問題は、それを単にコトバの観念的理解だけに留めないで、自己の全身心をひっさげて、全力的に取り組んで頂けたらと思うのであります。

（今日の「三つのコトバ」というのは、大へんふかく考えさせられるお話だったと思う。だがそれにしても、自分はこのうち、一たいどれから取り組んだらよいだろうか。どうも即答できないような気がするゆえ、ひとつ慎重に考えてみたいと思う。）

# 第二十六講——主体的な人間になるために

今日も道服姿の名児耶先生は、校長先生の先導でご入場。やがておもむろに壇上に上られ、一礼の後、今日のテーマと、次のような山頭火の句をお書きになった。

壁をへだてて湯の中の男女さざめき合ふ
あかつきの湯が私一人あたためてくれる
夜をこめて水が流れる秋の宿
飯のうまさも一人かみしめて
笠も漏《も》りだしたか

山頭火

今日もまた引きつづき、山頭火の旅の句のご紹介ですが、いかがです。もうボツボツ倦《あ》かれるころかとも思いますが、何分にもわたくし自身が、山頭火にはぞっこん惚《ほ》れこんでいましてね——。

ところで、最初の句は、やはり数ある山頭火の旅の句の中でも、代表的な秀句の一つといってよいでしょう。そしてそれには、字数の極度の少なさも、あずかって力があるといえましょう。ふつうの俳句でしたら、一句が十七文字ですが、この句はたった九文字しかないですからね。ですから「自嘲」などという世界さえ、ズブリと突き破った、何ともいえない凄味《すごみ》がありますね。もし刀剣にたとえたら、まさに正宗の短刀を、突然突き出されたとでもいった感じですね。

第二句は、庵居の句としても通らぬわけではないでしょうが、実際は旅の句のようですね。唯一人枯草原に腰を下して、けさ木賃宿でくれた弁当を、ひとりしみじみと噛みしめる、といった味わいでしょうね。

第三句は、早く宿に着いたが、その日のもらいが良かったので、ちょっと数盃傾けたので、寝るにはまだ少々早過ぎると思ったが、早寝したところ、やはり夜中に眼が覚めて、なかなか寝つかれない。すると、どこかすぐ宿の近くを流れている水声が耳について、どうしても寝つかれない——とでもいった情景でしょう。

そこで、そうした翌朝は早くから目が覚めたので、ひとり暁の湯につかって、からだを温めるという場合もあるわけでしょう。あるいはこの句は、田舎のささやかな温泉宿かも知れませんね。するると、仕切りをへだてて、隣り湯の方から、男女のささめき声が聞こえて来た——というのでしょう。おそらく夫婦者が、まだ朝が早いからというので、「女湯」に入っていたのかも知れませんですね。こうしたことも、山頭火の旅のひとコマといってよいでしょう。

前の週にはわたくしは、「戦後における三つのコトバ」と題して、㈠岡潔博士の「人を先にして、己れを後にせよ」というコトバ、また㈡大松博文監督の「敵に勝たんと欲するものは、まず己れに克て」というコトバ、そして第㈢には、先師有間香玄幽先生の「義務を先にして娯楽を後にせよ」という、これら三つのコトバのご紹介をしたのであります。ところで、このうち岡博士の「人を先にして己れを後にせよ」というコトバは、一見したところ、さまでと思わぬ人もあるかと思いますが、これはひじょうに高い道徳でありまして、このコトバの精神を真に守るということは、まことに容易ならぬことでありま す。また第二の、大松監督の「敵に勝たんと欲するものは、まず己れに克て」ということも、非常にきびしい真理でありまして、これは前にも申したように、ある意味では、宮本武蔵にその源流を発する、わが国の武道の深い真理を示しているとも言えましょう。しかしわたくしには、以上二つのコトバに劣らず、否、ある意味ではそれら以上に、第三の先師のコトバ、すなわち「義務を先にして娯楽を後にせよ」というおコトバに、より深く頭が下がるのであります。それというのも、「人を先にして己れを後にする」ということは、よほどリッパな人でないと、実際にはなかなか守れないからであります。また、「敵に勝たんとする者はまず己れに克て」とは、武道における最深の真理といえましょうが、しかしこれらに対して、先師の「義務を先にして娯楽を後にせよ」というおコトバは、一見したところでは、実にありふれた平凡なコトバのようですが、しかしこの真理は、誰でもその気になりさえすれば、守れぬわけではありません。しかもこれを守ることによって、確かにその人は、一歩一歩自分をリッパな人間に鍛え上げてゆくことができるのであります。すなわち、われわれの日常生活において、その応用の範囲が、一ばん広いといってよいでしょう。それゆえこれら三つのコトバのうちで、一ばん地味ではありますが、しかし一ばん手堅い真理だと思うのであります。

ところで、わたくしには、この際もう一つどうしても、取り上げねばならぬ問題があるのであります。ではどういうことかというと、それは題目にも掲げたように、われわれが主体的な人間になるには、一体どうしたらよいかという問題であります。ところが皆さん方は、現在では生徒として、いわば受け身の立場に置かれていますので、この点について、一体どれほど考えていられるか存じませんが、戦後わが国の教育界で、一ばん重視せられて来たのは、実はこの「主体性」の問題だったと言ってよいでしょう。言いかえれば、一体どうしたら生徒を真に主体的な人間にすることができるかという問題だったのであります。そしてそれは、戦後間もなく始まった、アメリカ風の新教育においてはもとより、それから次第に脱却して、現在に到るまでの歩みを大観してみても、戦後わが国の教育をつらぬく最も根本的な眼目となって来たのは、すでに題目にも掲げたように、「一体どうしたら、真に主体的な人間をつくることが出来るか」ということだったのであります。では、それが果たしてどの程度に成功したかということになりますと、どうも今なお十分ではないように思われるのであります。もちろんこの種の事柄は、数学などのように、はたしてどの程度成功したかどうかということが、ハッキリと分るわけのものではありません。しかしそれにしても、戦後すでに四分の一世紀の歳月を経過しているにも拘らず、今日はたしてどの程度に成果を挙げ得たかということになりますと、どうも不安なきを得ないのであります。ではそれは一たい何ゆえでしょうか。

その点について思われるのは、なるほど戦後の新教育が、その最大のネライを、この主体的な人間に置いたということ自体は、何ら誤りだったとは思わないのであります。そしてそれは、ひとりわたくしのみならず、誰が考えても、この点に関してはまず異論はなかろうと思うのであります。では一体どこに問題があるかと申しますと、なるほど教育上のネライというか、その根本眼目の上には何ら間違いはないが、ただそれを実現する方法というか、そのやり方の上には、ひじょうに問題があったと思うのであります。

では、それは具体的には一体どういうことかと申しますと、戦後わが国の教育界は、大きく二つの時期に分けることができますが、そのうち第一期は、敗戦直後から昭和三十二・三年ごろまでといってよいでしょう。そしてこの第一期の教育においては、生徒を主体的な人間にするには、何よりもまず「批判力」を養わねばならぬと考えたのであります。そしてそれは、わが国の敗戦は、軍部の独裁的なやり方にその根本原因があるが、しかしそのように軍部を横暴にさせたのは、一般国民にも、「批判力」が欠けていたからだというのであり、したがって対策としては、生徒たちに批判力を身につけさす他なく、それによって、生徒たちを主体的な人間にすることができると考えたのでありまして、まさかそこに誤謬が潜んでいようとは、夢にも考えなかったのであります。

ところが、実際にそれをやって見た結果はどうかと言いますと、口では色々と理屈をいうけれど、どうも実行がおろそかにされがちであり、しかもその上にその理屈というのが、とかく相手のあげ足をとったり、相手をやっつけることが主になって、人のいうことに耳を傾けて聞き、そして冷静にその是非を判断した上で批判するというような態度がとぼしいのであります。そしてこれは、「批判力」というものを教育の根本目標とした場合、とかく陥りやすい欠点だったということが、次第に分って来たのであります。

それというのも、正しい批判をするためには、その前に相手の考え方や言い分をよく聞き、さらにコトバの背後にある、相手の気持ちをも察してかかる必要があるわけですが、そういうことは、ほとんど看過されたといってよいでしょう。それどころか、相手かまわずの批判は、とかく相手をコトバによって斬ることにもなりがちであって、それからさらに一段落ちますと、刃物をもって人を傷つけるという、いわゆる非行少年の所業にまで顛落《てんらく》した場合も少なくなかったのであります。同時にここまで来ますと、批判ということは、元来きわめて理性的なことであるはずなのに、理性どころか、衝動的な働きにまで顛落したわけであります。

以上が戦後第一期における、教育界の歩みの概観ですが、そのうちに、さすがにそうした「批判」一辺倒だけではいけないということが、次第に分りかけてきたのであります。そして次に打ち出されたのは、「考える教育」ということが、目標として掲げられたのであります。すなわち批判力を身につけさすというだけでは、偏するきらいがあるから、物事を正しく考える人間にしたいというわけでありまして、これもコトバ自体としては、そこに何ら問題はないように思われたのであります。

そこで、このように「考える子ども」をつくるとしたら、何ら問題は無さそうですが、実際にこれをやってみたところ、どうも思わしくない結果が現われて来たのであります。では、どういう欠陥が現われたかと申しますと、それは「考える教育」ということが、主として「各教科における思考力」として考えられるようになったのであります。すなわち「国語科における思考力」とか「数学における思考力」、さらに「理科における思考力」から「社会科における思考力」というふうに、思考力というものが、それぞれの教科に分散されてしまう結果となり、これに対して深い疑問を投げかける人がなかったのであります。

ではそこからして、どういう欠点が現われたかと申しますと、思考力というものが、単に教科別の知性としてのみ考えられて、行動とか実践と結びつかなくなったのであります。つまりそのために、せっかくそれ自身としては練られながら、それがわれわれの現実生活、とくにその実践や行動の力を強化するというわけにはゆかなかったのであります。そしてその結果、教育上の最大のネライであった「主体的な人間」をつくるという点からは、やはり不十分だということになったのであります。

ではこのような風潮に対して、わたくし自身一体どのように考えたかと申しますと、わたくしは、以上二つのやり方のどれとも違って、より根本的なやり方で、その基盤というか土台を作らねばならぬと考えたのであります。ではそれはどういう方法かと申しますと、まず結論から先に申しますと、「生徒の一人一人に腰骨を立てさす」ということであります。すなわち、生徒の一人一人が、朝起きてから夜寝るまで、つねに腰骨を立て通すようにする——ということであります。こう申しますと皆さん方は、一たいそんな事くらいで、はたして主体的な人間になれるかしらと、不思議に思われることでしょう。しかしながら、この腰骨を立て通すということは、坐禅における最も根本的な部分を形成していることを考えたならば、たとえそのわけはすぐには分からなくても、ムゲには退《しりぞ》けられぬという気持ちになられることでしょう。

そこで一歩をすすめて、では一たいどうして二六時中腰骨を立て通すことが、主体的な人間になる上で、かくも重大な意義をもつかと申しますと、それはわれわれ人間は、ご承知のように身心相即的な存在であって、心と体とは、元来離れないはずのものであります。ところが、われわれの心というものは、とかく体とは別個の作用をしやすい一面がありまして、たとえば皆さん方が、朝目覚時計が鳴って「もう起きねばならぬのだが——」と心には思っても、体がすぐに、それに従わない場合も少なくないでしよう。そこで毎日教室で先生から、「皆さんたちはしっかりした人間にならねばならぬ」といわれ、その場では「たしかにその通りだ」と思っても、次の瞬間には、われわれの心は、もうそのことを忘れてしまって、次の他の事を考えがちなのであります。

そこで、しっかりした人間になる手はじめは、まず二六時中腰骨をしゃんと立てることだ——と教えられたとして、もし皆さん方がそのコトバを守って、やり通してみてごらんなさい。すると皆さん方は、少なくとも腰骨を立てている間だけは、シャンとした気持ちを失わないでいられましょう。では皆さん!! ひとつ実際にやってみてごらんなさい。それにはまず尻をウンとうしろに引いて、(笑う者あり)つぎには、腰骨のところを、ウンと前に突き出すんです。(といって先生は黒板にその要領を図示せられる)そしてつぎには、下腹の辺に、心もち力を入れる——そうしますと、肩の気張りがぬけ、全身の力が臍下《せいか》丹田《たんでん》に収まって、上体がごく楽になりましょう。それはちょうど、大きな鋼鉄の球の上に、綿人形をフワリとのせたような調子です。

そして、以上わたくしが説明したような姿勢を、一日中つづけることによって、われわれ人間には、注意の集中力と持続力が身につき、そのうえさらに、判断力さえ明晰になるのであります。否、そればかりか、われわれ人間はそれによって、一だんと行動的になり実践的になるのであります。もしうそだと思う人があったら、これから夜寝るまでの間、ひとつやりつづけてごらんなさい。しかしそれもむつかしいと思ったら、わたくしのこの時間は、もうあと数分ですみますから、次の時間まる一時間でよいですから、ひとつこの調子で授業を受けてごらんなさい。そうしますと、「確かにこれは良いことらしいぞ!!」と思われるに違いありません。ところが、そうなったらもうしめたもので、さらにもう一時間つづけるんです。そして「いよいよこれは馬鹿にならぬ」と思われたら、まず午前中の授業をこの姿勢で受け、そしてそれもうまく行ったら、さらに午後にもつづけるんですね。そして、これが確かなやり方だと分ったら、さらに帰宅後も夜寝るまで続けるんですね。同時に、そこまでやれたらもうしめたもので、明日は朝の第一時限から始めて、終日やりつらぬくんです。そうしてその調子で一週間やりつづけたら、もう大したものです。そしてその調子で、さらに一カ月やり二カ月つづけ、三カ月、つまり百日近くもつづいたら、もうその人には、すでに主体性の土台が出来たといってよいでしょう。

ついでですが、わたくしは、大学院時代からこれを始めまして、現在ではもう二十年近くもつづけていますが、わたくしが先師から教えられた数多くの事柄のうち、これが一生を通しておそらく最も深く感謝すべきことだと思います。ですから皆さん方も、どうぞ今日を境にゼヒ始めて下さい。

(かねてから、腰骨を立てることの重要性については、聞きもし考えてもいたが、しかし今日ほどこの点について、深く考えさせられたことはなかった。そこで自分も、もうこの辺でひとつ決心して、これを始めねばならぬと思うようになった。)

# 第二十七講——たしなみの二、三

今日も道服姿の名児耶先生は、校長先生の先導でご入場。やがておもむろに壇上に立たれて、一礼の後、今日のテーマと、次のような山頭火の句を書かれた。

山頭火

それは私の顔だった鏡つめたく
お経とどかないジャズの騒音
ハジかれたが菊の見事さよ
更《ふ》けてバクチ打つ声
夢が破れてトタン打つ雨

今日もまた引きつづき山頭火の旅の句のご紹介です。こうなると、わたくしという人間は、まるで能なしみたいですね。あるいは実際にそうかも知れません。

さて最初の句の鏡は、一体どこにあった鏡なのか分りませんが、たぶん木賃宿のどこかにかかっていた見すぼらしい鏡だったのでしょう。だから自分のみじめさが、いっそうひどく感じられたのでしょう。この句は「自嘲」とまではゆかないけれど、その一歩手前といってよいでしょう。

第二句は、ちょっと面白いところを詠んでいますね。つまり山頭火が、生活の糧《かて》のために、家々を「門づけ」——その家の門口《かどぐち》に立って、短いお経をよむ——をして廻ると、時々騒々しいジャズの騒音のために、奥の方にいる家人には、お経の声がとどかない場合もある——というわけです。ちょっとした軽い悲喜劇ですね。

ところで、第三句の情景も、何ともいえない山頭火の旅のひとコマですね。ここで「ハジかれた」とあるのは、「お断わり」を喰わされたことを意味する特有語のようですが、それにしては、その家の菊の見事さに感心するところは、やはり山頭火ですね。ところで山頭火の日記を見ますと、ハジかれるのは、とかく金持ちや物もちの家が多いようですが、なるほどと思いますね。つまり人間も金が溜まると、いつしか貧しい人々の気持ちが分らなくなってしまうからでしょう。

第四句は、たぶん木賃宿のひとコマでしょう。それというのも、木賃宿というところは、貧しい人々の吹き溜りといってよいからです。そして、そうした声も止んで、夢でも見ていると、突然雨が降り出して、トタン屋根の雨音が、はげしくなったというのでしょう。

さてわたくしの今年度のお話も、いつしかもう後三回だけとなりました。かえりみて、これというほどの話もできず、今となっては、身の非力を今更のように痛感するしだいです。しかし、これまでこうした種類の話を聞いたことのない方々に、多少でもご参考になったら幸いだと思います。また中には、こうした種類の問題について、すでに関心を持っていた方々には、これまで書物を読んだり、考えたりしていた事柄について、わたくしの考えとどこが、どのように違うかということなどについても、改めて考えて戴けるとしたら、わたくしとしては、実に有難い次第です。また中には、読書が好きで、これまでこの種の問題について、色々と読んできた人が、もしわたくしのこの拙《つたな》い講話によって、これまで持っていた知識を整理し統一する上で、多少ともお役に立つところがあったとしたら、これまたわたくしとしては、辱い次第ですが、しかしどの程度皆さん方のお役に立ち得たかとなると、わたくし自身、何ら自信はないのであります。

そこで話がしだいに終わりに近づきましたので、今日はごく身近かなたしなみともいうべき事柄の二、三について、お話してみたいと思います。それらは、あまりに日常の卑近な事柄ですから、皆さん方のようなわかい方々にお話するのは、どうかと思わぬわけでもありませんが、しばらく我慢して聞いて頂きたいと思います。

さて、そのような立場にたって、最近まず問題になるのは、㈠朝のあいさつは朗らかに——というとであります。そして次は㈡人から呼ばれた際の返事はハッキリと——ということです。そして㈢第三は、席を立ったら必ずイスを入れ、ハキモノを脱いだら、必ずそろえて置く——という三つの事柄でありまして、これらについては、すでにしつけの三大原則としてお話したのであります。つまりこれらの三つは、われわれ人間が、何人もその日常生活において、どうしても守らねばならぬ、最低のたしなみといってよいのであります。ですから、もしこれら三つのうち、一つでも守れぬ事柄のある人は、心ある人の眼には、たしなみのない人間として映るわけであります。

しかしながら、初めの二つはとにかくとして、第三の席を立つ時は必ずイスを入れ、またハキモノを脱いだら必ずそろえて置く、ということになりますと、案外できない人が少なくないようであります。もっとも、改まった場所とか、他所のお宅へ伺った際などには、さすがに何とか守れても、平生わが家において、必ず例外なく守れるかといわれますと、案外だらしのない人が少なくないのではないでしょうか。そうした意味からして、すでに申した事ではありますが、最後にもう一度改めて申してみた次第です。ですから、わたくしとしては、以上の三カ条だけは、ここにいられる皆さん方の一人残らずの方に、必ず守って戴きたいのであります。

では、たしなみとして、次にはどういう事が大事なことでしょうか。そう考えて真っ先にわたくしの心に浮ぶのは、自分の身内の者について、他の人に話す場合には、敬称をつけない――ということであります。たとえば、自分の両親のことを、「ボクのお父さんは――」とか「わたしのお母さんは――」などとは言わないということであります。では、何故それがいけないかと申しますと、それは先方の方に対して失礼にあたるからであります。つまり、先方のご両親について話す時こそ、敬称をつけねばならぬのに、それを自分の両親についてそうするということは、要するにまだ乳臭さがとれていないというわけです。したがって、また「お父さんが行かれた」とか「お母さんが言われた」などという事は、皆さん方くらいの年頃になれば、絶対に言ってはいけない事なのであります。否、しっかりした子どもなら、小学の五・六年生にもなれば、すでにこうした事は、心得ているのであります。

ことに先方が大人であり、かつひと通り身分のある人から、自分の両親のことを尋ねられた場合などには、「父は唯今こういう事をしております」とか、もっとていねいにいう場合には、「父は唯今こういうことを致しております」とか、「父がこのように申しておりました」等々という言い方も出来ねばならぬのであります。

では次にはどういう事に気をつけたらよいかというと、コトバづかいの一つの応用として、「電話」の心得を申してみましょう。電話については、色々と気をつけねばなりませんが、まず第一は、長話をしないということです。とくに女の人は、とかく長話が多いようですから、話の要点を簡潔に話すということは、根本的な心がけと申してよいでしょう。しかも、それでいて、先方に対して失礼にならぬようにしなければなりません。ですから電話というものは、大へんむずかしいのであります。実さい電話をかけている場に居合わせますと、その人の人柄が、実によく分るのであります。それというのが電話というものは、上にも申すように、短い時間のうちに、話の要点をハッキリ先方に伝えねばなりませんから、第一頭脳が明敏でなければなりません。しかも先方の人に、こちらの頭の冴え加減を感じさせるというのは、電話のかけ方としては、必ずしも最上とはいえないでしょう。つまりこちらの頭の冴えた切れ味を、どこかオブラートで包むような趣があるというのが、電話のかけ方としては最上でしょう。そしてそれは結局、敬語の使い方のいかんによることが多いと思われます。ですから、事柄の本質を的確につかんでいながら、それを適当な敬語をつかって話すわけであります。とにかく電話の恐ろしいのは、先方の顔が見えないという点でありまして、ほんとうに正しい電話のかけ方というものは、わたくしなどのような年配になっても、なかなか卒業できないのであります。

　では次にたしなみとして、一体どういう点に気をつけたらよいでしょうか。それには歩行の仕方という点を取り上げてみましょう。こういうと皆さん方は、何とマアセセこましい窮屈なことをいうかと思われましょうが、しかし話すとか、歩くということは、われわれ人間の生活において、最も基本的な事柄でありまして、絶対に軽んじることができないのであります。と申すのも、皆さん、ひとつ考えてごらんなさい。一人の人間が、どの程度の人かということが、どうして分るかといえば、結局その人と話していて、その話しぶりの如何によって、八割くらいまでは見当がつくといってもよいでしょう。しかしこうした点の一々について、ここでお話するわけには参りませんから、先ほど来ホンのその一端について申してみたしだいです。

そこで次には、歩き方の問題ですが、それにはまず、歩く時の姿勢がシャンとしているということは、何より大切なことだといえましょう。それは要するに、真っ直ぐな姿勢で歩くということですが、しかしそのためには、前にも申したように、いつもしっかりと腰骨を立てていることが大切であります。同時に、眼をキョロキョロさせないということも、大事な心がけの一つでしょう。(一同大笑)いわんや女の人で、自分とすれ違った同性の後姿を、ふり返って見るなどということは、いかにもはしたない業《わざ》といってよいでしょう。(一同笑)否、女性ばかりか、時には男子でもそういうはしたない事をする人間が、無いともいえませんが、実にさもしい限りですね。

なお、歩行について、もう一つ大事なことは、ハキモノを引きずらないということで、こういうしつけは、小学生時代に、遅くとも中学生時代に、直しておかねばならぬことであります。つまり人間のだらしなさが、これほどよく分ることはないのであります。

歩行の仕方について、もう少し申すとすれば、歩き方は人から見て早過ぎず、遅すぎずということが望ましいわけです。そのうち、遅過ぎるのが良くないことは、申すまでもないことです。それはいわゆる「お引きずり」といって、人間のだらしなさの何よりの現われだからであります。だが、さればといって、必要もないのに、セカセカした感じを人に与えるのも、けっして良いこととは言えないでしょう。とくに若い女の人が、肩で風を切って、男の人を突きのけんばかりに急いで歩くということは、（一同笑）いかに急用があればとて、けっしてホメた話ではありません。ところが、近ごろでは若い女の人の中には、人と衝突しようが一切かまわぬ、といわんばかりに、人込みの中を打《ょ》つかるように歩く人が時にありますが、そういう女は衝動的な女性と考えたら、まずは間違いないといってよいでしょう。

さらにまた、道を歩くのに、幾人もの人間が横につらなって歩くということなども、現在のような時代には、とくに避けねばならぬ事ですのに、この点では皆さん方の中にも、こうした現象は、しばしば見受けられるようであります。こうした事は、見る人から見ますと、その学校の校風が最もよく窺えるわけですから、今後はとくに注意せられたらと思います。同時にこれに反して、その学校の校風のリッパさが、最もよく窺えるのは、その辺のバスや電車などの中で、その学校の生徒さんが、老人や子もちの婦人に対して、席をゆずる場合でありまして、実際これほど心打たれる事柄は無いといってもよいでしょう。同時にこの点について、もう一言《ひとこと》つけ足しますと、そうして席をゆずった場合には、ゆずられた人の前にいつまでも立っていないで、うしろ側に向きを変えるとか、または二、三人よけてわきに立つというような心づかいが望ましいと思います。つまり、何時までも席をゆずった人の前に立ちはだかっていますと、せっかく席をゆずられても、先方の人は、何かすまないような、気づまりな気持ちをもつからであります。実際こうしたデリケートな心づかいこそが、真にたしなみというコトバに価すると思うのであります。

なお、そうした乗り物でのたしなみとしては、若い男子でその長い脚を、プラットの半ば近くまでも投げ出して腰かけているのを、時に見受けますが、これほど暴慢無礼な姿勢はなく、その人の将来のほどが思いやられるのであります。そこで乗り物で腰かける場合に、もっとも望ましい姿勢は、やはり常に腰骨を立てて、余りうしろにもたれかからないのが、良いわけです。そして女の人は、必ず膝頭から足のくるぶしへかけて、ピタリとそろえて、割らない割り箸《ばし》のようでありたいと思います。したがって、女の心のしまりは、その人が乗り物に乗っている際に、一ばんよく分るといってよいでしょう。

次には、髪の形や持ち物、および服装などについて、男女共に、あまりに流行の先端を走らぬということなども、やはり大事なたしなみの一つといってよいでしょう。それというのも、そうした事によって人から、どこか浮わついた人間と見られるからであります。もっともこうは申しても、流行を無視してよいというわけではありません。ただ、いつも流行の先端に立つということは慎しむべきだというわけです。

ところで、男女のうちどちらが流行に動かされやすいかと申しますと、どうも女性のほうに多く、われわれ男性の側から見ますと、ずいぶん突飛《とっぴ》としか思えないような流行を平気でするのは、女性とくに若い女の人に多いようですが、こうした現象は、これを何と解したらよいでしょうか。同時に、もし男子でそういう人間がいたとしたら、そういう男は、大なり小なり不良がかった人間と考えて、ほぼ間違いがないようであります。では、どうして男子よりも女子のほうに、流行に動かされる人が多いかと申しますと、それは女の方には失礼ですが、やはり主体性の問題という他ないでしょう。つまり、人間は男女にかかわらず、主体が確立していないと、つい流行に流されやすいというわけであります。

さて、こうした話をし出せば、実さい際限がありませんので、最後に人と話している場合に心掛けねばならぬことの一つ二つを申してみましょう。その第一は、お金に関する事柄は、よほど親しい間柄でない限り尋ねないというのが、たしなみというものでしょう。まさか相手の人の月給など、尋ねるほど厚かましい人間はないでしょうが、(一同爆笑)しかし相手の服とかクツ、その他持ち物の値段を尋ねるということなども、よほど親しい間柄ででもないかぎり、やはりさし控えるべきでしょう。ところが戦後は、こうした面でのたしなみまで弛《ゆる》んで、平気でこうした事柄を尋ねる人に出逢う場合が少なくありません。また乗り物などに乗っていて、自分の乗っている電車がどこ行きだったかを、つい見ずに乗ったような場合、隣の人にそれを尋ねる場合には、必ず「失礼ですが——」という前置きをした上で、尋ねるべきだということさえ知らない人が増えつつあるようであります。そして乗り物におけるたしなみの最後としては、隣の人の見ている新聞などを、チラチラと横目で眺めない——ということですが、これなど、相当の人と思われるような人でも、時に見受けるはしたない業《わざ》であります。

以上はホンの思いつく事どもを、順序もなく申したわけですが、この調子で皆さんがお考えになられたら、まだ他にも、色々とたしなむべき事柄はあろうと思うのであります。では、今日はこれにて——。

(今日のお話は、正直にいって、どうも自分としては散ざんだった。というのも、これらのうちどれ一つとして、ほんとうに身についているものは無いからである。だからお話のうち、幾たび心の中で恥ずかしい思いをしたか知れないわけで、まるで自分のからだについている泥《どろ》を、一つ一つ指摘されるような気がした。)

# 第二十八講——人生の終結

今日も道服姿の名児耶先生には、校長先生の先導でご入場。そして、おもむろに壇に上がられて、一礼の後、今日のテーマと、次のような山頭火の句をお書きになった。

降ったり照ったり死場所を探す
ふるさと恋しいぬかるみをあるく
師走《しわす》のゆききの知らない顔ばかり
　自嘲
うしろ姿のしぐれてゆくか
鉄鉢《てっぱつ》の中へも霰《あられ》

山頭火

今日もまた漂泊の俳人種田山頭火の旅の句のご紹介です。

さて、最初の句は、どうも深刻な句ですね。しかし一所不住の山頭火の身になってみれば、何ら誇張などではないのです。げんに彼は、最初は、自分の死場所として、下関から山陰線を少し行った川棚温泉にしたいと考え、彼には珍しく、ずいぶん粘《ねば》ってみたようですが、結局はダメになったのです。

（今では土地の人々は、それを後悔しているとのことです。つまり観光地の目玉条件になったわけですからね。）

次にかれは、五年あまりも、生国《しょうごく》の山口県下で其中庵に住みましたが、そこは古家で、しだいに雨がもり出して、ついに住めなくなったようです。

そして最後に、心から温かく迎えられたのが、四国の松山で、その地の人々の暖かさに心から感謝して、ついにその地で息を引きとることになったのです。

さて、最初の句から、思わずも外《そ》れましたが、第二句は、さすがに故郷がなつかしくて、時々訪ねたようです。かれの数少ない故里《ふるさと》の句の一つといってよいでしょう。

第三の句も、故里《ふるさと》の句と見ると、とくに味わい深いものがありますね。いわゆる「ふる里は遠くにありて想うもの」であって、実さいにふる里の土をふんでも、懐しいのは唯自然だけで、人間はほとんど見知らぬ人ばかりというわけです。

次の第四句と第五句は、かれの全句集「草木塔」の中でも、屈指のすぐれた句といってよいでしょう。こういう句は、へたな解釈などしないで、暗記して時々暗誦するに限りますね。だが、それにしても、山頭火は、たったこの二句だけでも、やはり「不滅の俳人」といってよいではないでしょうか。

さて、この前の週にはわたくしは、「たしなみの二、三」という題で、皆さん方が日々のくらしの中で、心がけたらと思われる二、三の事柄について、お話したわけですが、若い皆さん方にとっては、多少窮屈な感じをされた方もおありでしょう。しかしああしたたしなみの問題は、その人の身についた教養という意味からも、大へん大事なことと思うのであります。たとえば、いわゆる学歴の上ではBの方が上でも、もしたしなみという点において欠けていたとしたら、周囲の人々は、たしなみの点ですぐれているAのほうに、敬意を抱くことでしょう。そしてそれは、今も申すように、何しろそれぞれその人のからだに根ざしたものですから、いざという場合、にわか細工が利かないのであります。そして多少は、たしなみに関する事柄について、知識としては知っていて、「ここは改まった大事な場処だから――」など思ってやろとしても、何しろ平生やっていないことですから、どうも万事ギクシャクとして、まことに醜いものとなるのであります。それゆえ皆さん方は、わかい今のうちから心がけて、わたくしが前回申した程度の事柄は、いわばば最低のたしなみですから、ぜひ身につけるようにして頂きたいと思います。

さて、前回には、たしなみというようなごく身近かな、足もとの心がけについてお話いたしましたから、今日はひとつ、その正反対ともいうべき、人生の最後について、一体どのように考えたらよいか、という問題について考えてみたいと思います。それで題目も一おう「人生の終結」としてみましたが、要するにわれわれ人間は、自分の一生の最後を、一体どのように締めくくったらよいかという問題であります。

今それを一口で申すとすれば、われわれ人間は、この二度とない人生の終わりを、一体どういう仕方で、その終結をつけたらよいかという問題ともいえましょう。もっとも、こうした問題の提出の仕方では、漠然とし過ぎて、わたくしが何を言おうとしているのか、お分りにならぬ方もおありでしょうが、それも無理からぬことと思います。何となれば、「人生の終末」などといっても、だいいち自分がいつ何時死ぬかさえ、あらかじめ分っている人は無いはずだからであります。もっとも、むかしの卓《すぐ》れた禅僧のうちには、あらかじめ自分の死期を予知して、しかもそれがちゃんと当たったという人もあるようですが、しかしそうした場合は、やはり死の一週間か十日、せいぜいのところ一カ月前くらいに、「自分ももう今度は助からぬから、いつごろには死ぬだろう」というわけで、それなら必ずしも、奇蹟として驚くにも当たらぬでしょう。何となれば、自分というものに対して、ある程度の認識を持っている人なら、その程度のことができるということは、大いにありうることだからであります。しかしどんな偉い人でも、自分の死期を半年も一年も前から予言しうるという人は、ないはずであります。

このように、われわれ人間は、自分の死期さえ予知することのできない存在ですから、一生の終わりをどう締《し》め括《くく》りをつけたらよいかなどということの、できようはずはないとも言えましょう。が同時に、またこのことは、だからこそ、せめてやる気にさえなれば、最低この程度の締め括りはつけて置かねばならぬ――ということを、平素から考えて置く必要があるともいえましょう。

とにかくわたくしどものこの人生は、これまでもたびたび申して来たように、二度と繰り返すことのできないものであります。同時に、そこには、始めがあり終わりがあるのであります。しかも人生の始めは、自分にそれと自覚してスタートするわけにはゆかないのでありまして、たとえ孔子や釈迦、キリストでさえ、この地上への生誕は、いずれもみな赤ん坊として「おギャア、おギャア」と泣いて生まれて来たのであります。（一同大笑）ところが、人生の終わりとなると、これとは違って、よし自分の死期について、明確には分らないにしても、「どうも、もう今度は自分も、たぶん助からぬらしい」というふうに、ある程度これを察知することはできるかと思うのであります。ですから、われわれ人間は、自分の人生の終末については、心中つねに深思して、平素からその心がまえをして置く必要があると思うのであります。

こうした点については、相当リッパな人といわれていた人でも、多くはうかつで、何ら一生の締め括りをしないで、死ぬ人が少なくないようであります。そしてそれは、つい日々の生活の忙しさに巻きこまれて、自分の人生の結実は、一体どういう形でつけねばならぬか——というような問題については、トント考えない人が多いわけで、ある意味ではオメデタイ人間といわれても、仕方がないと思うのであります。しかも、こうした点では、相当な人物で、社会的にもかなりな地位にある人でも、多くはそうした点を免れていないといってよいようであります。

ではこうした考えに立つ時、人生の締《し》めくくりについて、一体どういうことが大切でしょうか。かく考える時、真っ先にわたくしの頭に浮ぶのは、「自伝」を書き残すということであります。もっともこう申しますと、皆さん方の多くは、「だってわれわれ程度の人間が、自分で自分の伝記を書くなどということは、まったくおこがましいことだ」と思われることでしょう。これはひとりあなた方だけでなくて、社会的にもひと通り責任の地位にいる人でも、ほとんどの人がそう考えており、したがって自分の一生について書き残すという人は、これまでの処きわめて少ないのであります。だが、この二度とない人生を真実に考えた時、一体それでよいのでしょうか。そういう程度の考え方ですむものでしょうか。

では何故わたくしが、「人生の終結」への一つの大事な仕事として、何人も自伝を書く必要があるというのでしょうか。試みにひとつお尋ねしてみましょう。皆さん方のうちで、母方はもちろん、父方でもよいですが、お祖父さんが一生で一ばん苦労されたのは何歳ごろであり、それは一たいどういう事のためだったか、言える人があったら、ひとつ手を挙げてみて下さい。（するとみなたがいに顔を見合わせるだけで、挙手するもの一人もなし）いかがです。これだけ沢山の人がいながら、たれ一人として、自分のお祖父さんの一生について知っている人は、一人も無いではありませんか。つまり、皆さん方としては、それぞれお祖父さんについては、懐しい思い出や、親切な人だったとか、あるいは人間としてリッパな人だったという程度の記憶はあっても、それらが一人の人間の一生として、一つのまとまったものとして、あなた方の心の中に、像をむすばぬままに消えてしまわれたというわけであります。しかもその責任だけは、あなた方にはなくて、失礼ながらご本人にあるという他ないでしょう。つまり、子や孫たちのために、「自伝」を書き残すという努力をされなかったからであります。

ところが、「人生の終結」という問題を、このように考えて来ますと、そこにはさらに問題があるといえましょう。それは、「ではそういう〝自伝〟というものは、一体いつ頃書いたらよいか」という問題ですが、この点については、西洋では心ある人々は、大たい五十代の半ばごろになると、「自伝」を書くということであります。そしてそれを、直ぐに出版する人もあれば、またそれを還暦(六十)とか古稀(七十)まで、そのままにしておいて、そういう一生の大きな節目にあたるころに印刷して、それを知友に頒つということであります。これは実に手堅いやり方であって、わたくしはこの話をはじめ聞いた時、「さすがに西洋人らしい手堅さだ」と感心もし、かつ敬服もしたものであります。

ところが、問題をここまで突きつめて来ますと、さらにより重大な問題に当面せずにはいられないのでありまして、それは何かといえば、われわれ人間はいつ何時死なねばならぬか分らぬ――ということであります。そう考えますと、五十代の半ばごろになって、「自伝」を書くという考え方さえ、一種の甘さがあるとも言えるわけであります。つまりそれは、幸いにして五十代まで生きられた人のことであって、もしそれ以前に、交通禍やガンなどで死なねばならなくなった人の場合、その人の人生の終結は、一体どういうことになるかという問題であります。問題がここまで突きつめられて来ますと、わたくしが「人生の終結」などと言っている事自身についても、もう一度考え直す必要のあることが分って来るのであります。

そこで、今そうした立場から、改めて「人生の終結」という問題を考えて見ますと、わたくしがこれまで考えて来た考え方は、まだ問題を、外側から形の上の結実に重きを置いていたといえるのでありま す。もっとも、わが生涯の歩みの足跡を残す必要があるということは、それ自身何ら間違ってはいず、非常に大事な事柄だとは思いますが、しかし先ほど来申すように、われわれ人間は、いつ死なねばならぬか分らぬ——という人生の絶対的事実に当面いたしますと、問題はさらに切実の度を加えて来るわけであります。すなわち人間は、「自伝」などまだ書けないような若さで、いつ何時死なねばならぬかも知れないからであります。そうした場合、その人の「人生の終結」は、一体どのようにしてつけたらよいというのでしょうか。皆さん方はこれまで、こうした人生の最大の問題は、たんに「考えてみた」という程度では、何らの意味も持たないのであります。ではこれに対して、一体どう考えたら良いでしょうか。それには、考えに考えつめたあげく、「自分としてはもうこうより他ない」という地点まで突き止めた上で、それを常に心に刻んで忘れず、念に念を入れ、幾たびも幾たびもわが心に言い聞かせて、覚悟をする必要があると思うのであります。

では、それは一体どういうことでしょうか。すなわちわれわれ人間は、いつ死なねばならぬか、何人も計り難い身でありますが、若い身空で、どうしても死なねばならぬ運命に立ち到った場合、人生の真の「終結」は、一体どのような仕方でつけられるかという問題ですが、それに対するわたくしの考えは、結局次のようであります。それは、自分がいつ死なねばならなくなったとしても、その時周囲の人々に心から感謝のコトバを述べて、人生の最後の訣れのできるような人間になる――ということでありましょう。しかしこれは、何という至難な事柄でしょうか。だが、若くて死なねばならぬとなった以上、もはやこれ以外に、人生のリッパな結末のつけようはないとわたくしには思われるのです。

もちろん、このような心境になるのは、決して容易なことではないでしょう。そしてそのためには、この講話の最初のころに申したように、「われわれ人間が、この地上に〝生〟を受けたのは、宗教的にいえば、神からこの世に遣わされた」のであり、したがっていま年若くして死なねばならぬということは、いわばその人のこの地上における使命が果てたために、神から召還の命があったと考える他ないでありましょう。ですから、こうした一種の宗教観が、しっかりと身についていれば、たとえ年若くして死なねばならぬような場合に立ち到ったとしても、その人の人生の終末はじつに見事であって、そのまま一つの円相完態に達したといってよいでしょう。

しかし、このように申しても、皆さんの中には、「でも、そんな若死にで、見事な人生の結末がついたなどとはいえないでしょう」といわれる方もおありでしょう。そしてそれにはそれで、もっともな処がないとは思いません。しかしそういう考えの人に対して、わたくしの提言したいと思うことの一つは、「あなたのおっしゃることは、如何にもごもっともですから、ではどうぞ今日から日記をおつけ下さい」

ということです。つまり先ほど申したように、この世への見事な訣別のできるよう、日々の歩みの足跡を、日記にしるし留めてゆくということであります。そうすれば、たとえ不幸にして、年若くしてこの世を去らねばならなくなったとしても、その人は「自伝ならぬ自伝」の日記として、わが日々の生の足跡を記したものが、後に残されるわけであり、同時に後に残った人々は、そのように真摯な人生を生きながら、お気の毒にも年若くして逝《ゆ》かれた友人が、あとに残した日記を印刷して、生前親しかった人々の間に頒《わか》つということは、この世における最も芳《かくわ》しい「友情」のしるしと思うのであります。そのために今日までわたくしが、音頭《おんど》をとって出来上がった追憶集や回想録なども、すでに幾冊もあるのであります。では今日はこれにて――。

（今日のお話は、とくに心に沁みるものがあって、一言一句みなわが心に刻みこまれる思いがした。それというのも、自分はこれまで、まだ日記を完全に――一年間つけたことはないからである。同時に、この年で日記ひとつようつけんようでは、自分という人間も、どうも大した人間にはなれそうもないと痛感されたのである。だから今日は、学校の帰りにさっそく手ごろなノートを買って、「思い立ったが吉日」で、ひとつ今日から日記をつけることにしようと思う。）

# 第二十九講――心願の問題

今日も道服姿の名児耶先生には、校長先生の先導でご入場になられ、やがておもむろに壇上に立たれて、一礼の後、今日のテーマと、次のような山頭火の句をお書きになられた。

山頭火

朝焼け雨ふる大根まこう
ゆうべのさみしさはまた畑を打つ
こころすなほに御飯がふいた
しみじみ食べる飯ばかりの飯
いただいて足りて一人の箸《はし》をおく

今日ご紹介するのは、山頭火がその長い漂泊の旅をおえて、山口県下の三田尻に近い片田舎にあった破れ家に入れてもらって、そこを「其中庵」と名づけて、五年あまりも定住した間に詠んだ句の中から選んでみたもので、つまりかれの其中庵生活の一端をご紹介したいと思うわけです。

さて、最初の句でも分るように、山頭火は其中庵では、かんたんな野菜はつくっていたようです。わが国の田舎では、朝焼けがするとその日は雨が降る、といわれていますから、大根のタネまきをしたのでしょう。

また、次の第二句によっても、かれが多少は野菜づくりをしたことが分ります。そしてそれは、一見意外なようでありながら、そうではないのでしょう。

第三の句は、いわゆる「帰家穏坐」の生活ともいうべく、十何年という永い漂泊流浪の旅から、ようやく一カ所に落ちついた彼の心の落ちつきを、飯炊きになぞらえて詠んだものともいえましょう。そして第四句も、いわばそれの引きつづきというわけです。そして最後の句、またもちろんそうですね。しかし前にも申したことのあるように、一カ所に落ちついてからの句は、さすがの山頭火でも、やはり旅の句より見劣りがするのも無理ないといえましょう。

さて今日は、題目にも掲げたように、「心願」という問題について少しお話してみたいと思いますが、しかしこの「心願」というコトバは、皆さん方には、あるいは多少珍しいコトバかとも思うのであります。したがって、その内容はハッキリこうだとは言えないにしても、そこには一種の香りみたいなものがあって、ある程度は察しがおつきかと思うのであります。

そこで最初にまず結論から申しますと、わたくしの考えでは、われわれがこの地上へ人間として生まれ出た以上、何かひとつは生涯をつらぬくものを持って生きたいと思うのであります。そしてそれをここでは、さしあたり「心願」というコトバで言い現わしたいと考えるのであります。そこで、もしそれを何か他の物に喩《たと》えていうとしたら、あるいは背骨の中をつらぬいている「脊髄」みたいなものと言ってよいかも知れません。それというのも、脊髄というものは、外側からは少しも見えませんが、しかし実際には、それが背骨をつらぬいて、それをその内面から支えている一ばん大事な物といってよいでしょう。このように、すべて外側からかんたんに見えないものが、実際にはひじょうに大事な物といってよいのであります。と申しますのも、外側からかんたんに見えないということは、実はそれが大事な物だからでありまして、もし外側からかんたんに見えるようでしたら、とかく外側から傷を受けやすいのであります。

では、わたくしがここで取り上げようとしている「心願」とは、一体どのようなものか考えるには、さしあたり、これと似たところのあるものとの対比によって考えてみるがよかろうと思います。と申しますのも、すべてコトバというものは、それが多少でも違えば、その内容もまた違うからであります。たとえば「根性《こんじょう》」と「性根《しょうね》」というコトバは、非常によく似たコトバであって、その違いを言ってみよといわれますと、わたくし自身でもちょっと困るほどですが、しかし上にも申すように、いやしくもコトバが違う以上、いかにその内容がよく似ているといっても、そこにはやはりどこか違いがなくてはならぬのであります。

そこで、今この「心願」というコトバですが、これと比較的よく似たコトバはないかと考えてみたのですが、どうもこれという心当たりがないのであります。しいて申すとすれば、「志《こころざし》」というようなものかとも思いますが、しかし「志」というのと「心願」というのとでは、その趣は非常に違うといってよいでしょう。それというのも、「志」といえば、「立志」ともつながるように、比較的わかい人々が、人生の首途《かどで》にあたって、自分の将来進むべき人生の方向を確立するような意味に使われる場合が多いといってよいでしょう。ところが「心願」となりますと、それとはスッカリ趣が違うといってよいでしょう。

では、この「心願」という問題について考えるのに、便宜上、唯今申した「志」とか「立志」との対比において考えたら、一体どういうことになるのでしょうか。まず第一に考えられることは、「志」とか「立志」というコトバは、唯今も申すように、比較的若い世代の人々の問題だとしたら、この「心願」という問題は、どちらかといえば、人生の後半生にのぞんで、初めて問題になりかける問題といってよく、さらには人生の晩年に近づいて、ようやく問題となり出すような事柄といってもよいかと思われます。

そこで、その点からさらに一歩をすすめますと、「志」を立てるという時、そこには多少外面的な処がないとはいえないのに対して、「心願」をもつといえば、それは純粋に内面的な事柄であって、何人にも知られずに、秘かにわが心の内深くに念持しているという趣があるようであります。それというのも「志」という時、それは人生の首途《かどで》にのぞんで、わが生涯の歩みを、一たいどういう方向にむかって求めるかという意味からは、世間的なものとの関わりが、ある程度ないわけでもないでしょう。しかるに「心願」を抱くということになりますと、それはほとんど何人にも知られず、秘かに心中ふかく念持しつつ、しかも手放さないという趣があるようであります。そしてそこには、単に「志」という時と比べて、はるかに深さが考えられるのであります。

では一歩をすすめて、人々が「心願」を持つようになるのは、一たい何歳くらいからが多いでしょうか。しかしこれは心ある人々からは、心なき問いとも思われましょう。何となれば、「心願」というような事柄は、何人もある年齢がくれば必ず持つようになる——というようなものではないからであります。したがって、人はある年齢に達すれば、誰でも「心願」を抱くようになるなどとは、到底言えないわけであります。それゆえ「心願」を抱くということは、人びとが人生というものを深く考えて生きて来た場合、しかも人生の晩年に近づくにつれて、人によっては抱くといってよいでしょう。

ですから、この「心願」という事柄は、たとえその人の資質がいかに卓れていても、若い人の抱くものではないようであります。それというのも、若い人々の抱くのは「志」であり、さらには「アンビション」だからであります。そしてこの場合「アンビション」というコトバは、これを単なる「野心」と訳するのは、必ずしも当を得たものとはいえないでしょう。もちろん、アンビションというコトバに、「野心」という意味も含まれてはいても、それはこのコトバの本来的な意味というよりも、むしろ裏側の意味であり、さらには派生的な意味というべきでしょう。このように考えて来ますと、アンビションというコトバは、むしろ「大望」という訳語のほうが近いといってよく、したがってコトバ自身が、皆さん方のような若い人々のコトバだということは、例の北大の前身だった札幌農学校の初代校長として赴任したクラーク博士が、去るに臨んでその教え子たちに残したコトバが、例の“Boys be ambitious”であって、これは「少年たちよ、すべからく大志を抱け」というほどの意味といってよいでしょう。

しかるに「心願」ということになりますと、志が人生の前半のコトバだとすれば、それに対しては人生の後半生に関わるコトバであり、志が前進的な積極性の趣をもつに対して、「心願」のほうは人生の真実に対して、深く内面的に沈潜する趣があるといってよいでしょう。そこでふつうに考えたら、わかい皆さん方を対象とするこの講話としては、「心願」などというような問題よりも「大志」とか、あるいはさらには「大望」というようなテーマを掲げる方が良いということも、大いにあろうと思います。またそれの分らぬわけでもないのです。だが、それにも拘らずわたくしが、ここにあえてこの「心願」という問題を掲げたのは、わたくしのこの講話は、ひとり現在の皆さん方のためばかりでなくて、人間の生涯の歩みを見通す立場にたちたいと考えているが故であります。

ですから、「心願」というような、いわば人生の晩年の奥深い問題をも考えてみることにしたわけであります。すなわち若い時代に夢みた華やかな人生の理想も、その多くがそれぞれ一場の夢として消え去り、人生の晩年にあたって、如何なる生き方をすべきかというような立場にたつ時、わたくしとしては、どうしてもこの「心願」の問題に触れないわけにはゆかないのであります。では何故にそうかと申しますと、この「心願」という問題は、ひとり現世的な華やかさを持っていないどころか、そこには人生の歩みにおいて、現世的には意のままにならぬような幾迂曲をへ、否、幾たびもの挫折をくり返したような人をも、打ち捨てない趣があるからであります。

さて、ここまで辿り着くことによって、おのずから明らかになったことは、「志」とか「大望」という時、そこには何処か自己中心的な趣があるのに対して、「心願」という時、そこにはそのような趣は、一切ないということであります。否、そこに見られるものは、逆に一種の自己献身の趣であり、したがってまた「心願」とは、そうした意味からは、如何なるものに向かって自己を捧げるか、その方向を希求しているものともいえましょう。実際その通りでありまして、「心願」とは文字も示すように、その人の心の内奥ふかく秘められている「願い」といってよいわけですが、しかもそれは唯今も申すように、如何なる方向にむかって、この自己を捧げるべきかと思い悩んだ人が、ついにそのような自己献身の方向をつかんだ人の心の状態といってもよいかと思われます。

ですから、わたくしとしては、このわたくしたちの人生は、たんに「志を立てる」という程度では、まだ十分とはいえないわけであります。なるほど皆さん方のような、人生の首途に立っている人にとっては、「志を立てる」ということが、当面の人生の重大問題といってよいでしょう。しかし人生は、それだけではまだ十分とはいえないのでありまして、その晩年に向かっては、さらにこの「心願」ということが問題とならざるを得ないのであります。げんにかくいうわたくし自身も、今やそうした地点にさし掛かりつつあるといってよいのであります。否、さらに端的に申しますと、今日ここに、かような問題を取り上げたこと自体が、実はわたくし自身に、今やこの「心願」の問題が、重大な課題となりつつあるが故と申してよいのであります。

このように考えてきた時、では「志」とか「大望」というような立場から、「心願」の問題へという心の転換は、一たい何歳くらいから始まるといえるでしょうか。この点について考えられるのは、もっとも早い人でも、やはり三十代の半ば以後ではあるまいかと思うのであります。この点については、ある意味では「人生の自覚期」として、すでに申したこともありますが、しかし最も卓《すぐ》れた人の場合でも、大たい三十代の半ばごろと申してよいでしょう。孔子にしても釈尊にしても、はたまたキリストにしても、あるいは王陽明や中江藤樹先生などにしても、その自覚期は大たい三十代の半ばごろと考えてよいようであります。否、こうした過去の歴史上の偉人ばかりでなくて、かの「世紀の偉人」といわれたアルベルト・シュヴァイツァーにしましても、あの人が有色人種に対して犯した白人の罪の償《つぐな》いとして、自分の後半生を未開のアフリカ土人のために捧げようと決心されたのは、やはり三十代の半ばごろだったのであります。

否、それればかりでなく、わたくしにとっては、最も深い関係にある先師の場合を考えてみましても、先師が深くその「心願」を抱かれ出したのは、やはり三十代の半ばごろだったかと思うのであります。先師が敗戦と同時に、東大の助教授の職を投げ打って、全国行脚の旅に上《のぼ》られ、一方にはあまねく野の遺賢を叢《くさむら》の中に探し求めると共に、さらに一般庶民階層の中に身を置かれたのも、今にして思えば、先師が敗戦という民族の大変に当面して、この二度とない人生の生き方について深思せられた結果、自己を捧げる方向をそこに見出されたが故でありましょう。

ついでながら、先師はそうした全国行脚の旅十年にして、さらに徹底的な隠遁生活に転じられたのでありまして、わたくしが先師と廻り逢うたのは、実はそれからのことであります。そして先師は、そのような徹底的な隠遁生活をされること七年にして、人間はこの肉の体を持っているかぎり、いかに隠遁生活をしてみても、ついに名利の念を断ち得ないことを徹見せられて、再び現世の生活に立ち還って、全国行脚の旅にその晩年を過ごされようとしたのでしたが、たまたま不治の病患のため、ついに深山にその蹤跡《しょうせき》を没せられたことについては、どうぞ「隠者の幻」を読んで頂きたいと思います。

同時に、このわたくし自身も、齢四十に達して、ようやくこのような先師のお心の一端が分り出したかと思うのであります。この点先師とくらべれば、その目覚めの時期は五年以上も遅れていますが、それはそれだけこのわたくしの資質が劣っているせいであります。しかしながら、とにかく今や遅蒔きながらも、ようやくにしてわたくしも、今後わが人生の後半を、いずこに向かって捧げたらよいかということが、おぼろ気ながら分り出したという気がいたすのであります。もちろんそれが如何なる方向であるかについては、まだ皆さん方に申すわけには参りません。というのも、「心願」というものは、元来そうしたものだということについては、すでにたびたび申して来たことだからであります。

同時にわたくしは、ここまで申して来たことによって、わたくしの皆さん方に対する最低の義務を、この一時間の話によって、かつかつ果たせたかとも思うのであります。何となれば、「志を立てよ」という話でしたら、これまでにもすでに多くの人から聞かれたことでしょう。しかしそれだけでは、真に人生の終局に達しうるか否か、その保証はでき難いからであります。しかし今や「心願」という人生の終局的な生き方の目標――というよりも、むしろ態度についてお話することによって、わたくしも皆さん方に対して、もはや今日、かりに帰りに交通禍で斃《たお》れたとしましても、少なくとも皆さん方に対する、わたくしの最低の義務は果たせたという、一脈の安堵感がいたすのであります。

（今日は大へん深い問題をお話になられたと思う。同時にそれだけに、よくは分らぬながらも、深い感銘を与えられたといってよい。もっとも、現在のところわれわれにとっては、「心願」の問題まではゆけないので、まず「立志」すなわち志を立てることの確立が第一歩かと思うのであるが――。）

# 第三十講 ―― 一日は一生の縮図なり

今日も道服姿の名児耶先生には、校長先生の先導でご入場になり、やがておもむろに壇上に上がられて、一礼の後、今日のテーマと次のような句をお書きになった。

山頭火

一洵君に

おちついて死ねそうな草枯るる

水仙の花

あすはお正月の一りんひらく

ひとり焼く餅《もち》ひとりでにふくれる

身のまわりかたづけて遠く山なみの雪

こしかたゆくすえ雪あかりする

さて今日は、わたくしの講話も最後になりますので、山頭火のご紹介も、これが最後というわけです。それゆえ今日の句は、かれが其中庵に落ちつけないで、最後の地たる四国松山の一草庵へ迎えられて、そこで彼が多年こころに念じていた、「コロリ往生」の素懐を、見事にとげるまでの間の句から選ぶことにしました。

さて最初の句は、前書きにもあるように、かれを松山の地に迎えるために大山澄太さんと共に、骨を折られた高橋一洵《いちじゅん》氏に捧げられた深い謝念のこもった句といえましょう。氏は当時旧制の松山高校(現愛媛大学の前身)の仏文科の教授だった方で、山頭火のために心から尽くされた方であります。

第二句も第三句も、共に山頭火が、温かい松山の同志に迎えられて、心から落ちついた心境がよく伺われましょう。
だが同時に、第四句を見ますと、かれの躰には、ようやく近づきつつあった死期が、無意識ながら、そこはかとなく感じられたのでしょうか。同様にそうした見方に立ちますと、最後の句までも、何ともいえないものがこめられていて、いわば「辞世ならぬ辞世」の句ともいえそうに思われますね。

さてこの一年間、わたくしは皆さん方に対して、色々なテーマでお話をして参りましたが、しかしそれらも今日を以って、一応終りとすることになりました。そこで今日は最後の締括りとして、一体どういうお話をしたものかと、色々と考えてみましたが、結局題目として掲げたように、「一日は一生の縮図なり」というテーマでお話することにしたいと思います。

では、これは一体どういう意味でしょうか。それはわたくしたちの人生は、度たび申してきたように、「人生二度なし」というコトバによって端的に伺われるように、二度と繰り返し得ないものであります。したがってわれわれ人間は、この二度とくり返せない人生を、できるだけ有意義に、充実した人生として生きなければならぬと思うのであります。ところが、そのためには、結局は一日一日を充実して生きる他ないと思うのであります。二宮尊徳のいわゆる「小を積んで大を成す」というように、この二度とない人生ではありますが、それを真に充実して悔いなきものたらしめるためには、何と申しても、結局この一日一日の生活を充実させて、生きる他ないわけであります。そしてこのことは、少し真面目に考えたなら、何人にも自明なわけですのに、実際問題としては、人々の多くが、果たしてこのように充実した日々を送っているといえるでしょうか。これはどうも安易に肯定できないといってよいでしょう。

では一たい何故でしょうか。それはわれわれのこの人生が、二度と繰り返せないものだということが、一おうの表面的な理解の程度に留まって、真に心の底から分っている人が少ないからでしょう。このようなことを考えますと、どうもおたがい人間というものも、大して賢いものではなさそうですね。何となれば、自分もやがては「死なねばならぬ存在だ」ということを、日常つねに真剣に考えてはいないわけですから——。皆さん方のうちに、もし牛や豚の屠《と》殺所を見たことのある人があったら、かれらは自分がやがて殺されるとも知らずに、殺されてゆくのを可愛そうだと思うでしょうが、しかし自分の「死」について考えないという点では、人間とかれらと、根本的には大した違いはないのではないでしょうか。

この点で想い出されるのは、明治の初期の哲学者で中江兆民という人がありましたが、ガンになって医者から「あなたはもう一年くらいしか生きられない」といわれたので、それから書物を書き残す決心をして、一冊書きあげたところ、まだ命があったので、続いてもう一冊書き上げたのであります。どうです！皆さん!!スゴイ生き方でしょう。そしてその二冊の書物は「一年有半」「続一年有半」という書名で、全国の心ある人々の間で、大へんもてはやされましたが、この一事によっても、人間が真に「死」を覚悟してかかれば、かなりな仕事ができるものだということは、この一事によっても明らかかといえましょう。

ところが、このようにわれわれのこの人生は、二度とくり返し得ないものだ——というだけでは、まだ十分とはいえないと言ってよいでしょう。というのは、その上に、われわれ人間は、いつ何時死なねばならぬか知れぬということがあるからであります。そしてこの点は、とくに今日のように、交通禍の激しい時代に生きているわたくしたちにとっては、まるで胸元に短刀を突きつけられているような、深刻さをもつ真理といってよいでしょう。

ところで、以上二つの真理、すなわち㈠このわれわれの人生は、二度と繰り返し得ないものだということ、さらにもう一つ㈡われわれは、いつ何時死なねばならぬか知れない――というこの二重の真理が切り結ぶようになって、はじめてわたくしたちも、多少は性根の入った人間になれるといってよいでしょう。つまり明日の日にも「死」が訪れないという保証のある人は、一人もないからであります。そしてこのような二種の真理が、キリリと切り結ぶ時、はじめてその人の根性も、多少は心の刃に焼きが入りかけるといえましょう。つまり、そういつまでも呑気に、ノンビリとしてはいられない――という気持ちになるはずであります。同時にそこからして初めて、その人の人生に真に「血」が通い出すともいえましょう。それまでは、いわば「酔生夢死」の人生といわれても、仕方のないものだったわけでありまして、「死」を覚悟した生活でないという点では、犬や猫の生活と、根本的には大して違わぬともいえましょう。

そこで、こうした覚悟というか決意をして、日々の生活と真剣に取り組み出しますと、そういう人はふつうの人とは、どこか違うところが出てくるはずであります。そしてその一つはわたくしは、「日記」ではないかと思うのであります。つまり皆さん方の中にも、これまで幾度か日記をつけようと決心した人もおありでしょう。しかしいつも途中で棒を折って、一年間完全につづかないばかりか、長くて三月中下旬までしかつづかず、早い人は一月の下旬辺になると、もう止めてしまう人が多いのであります。

ところが、今にも自分が交通禍で斃《たお》れた場合を考える時、一たい自分の心の足跡として残るいかなる物があるか——と考えますと、そこには何一つないことが痛感されるのであります。なるほどわたくしたちは、家族の者をはじめとして、学校の友人その他親しい人々と、心を打ち明けて話をいたしますが、それらのコトバは、まるで煙のようにはかなく消えてゆくのであります。ですから、いま自分が突然交通禍か何かで亡くなったとして、一たい後に何が残るかと考えてみたとき、ほとんど何物も後に残らず、すべてが消えてゆくことを、わたくしたちは初めて知るのであります。同時に、ひとたびこの点に想い到りますと、いかなる人も、全身に冷水を浴びせられた感がして、慄然《りつぜん》たらざるをえないでありましょう。同時にここまで突きつめてきて、はじめてその人は、現実の冷厳な人生の一端が見えはじめるわけであります。

そこでここまで来てはじめてわたくしたちは、「では、せめて日記だけなりと書き残そう」という気にもなるのであります。同時にこの地点まで追いつめられて、はじめて日記をつけ出した人でしたら、それ以後は大たい続くと見てよいでしょう。何となれば、その人にとっては、「これのみが自分の死後に残る唯ひとつのわが〝生〟の記録だ」ということが、いつも心のうちにハッキリしているからであります。

ところが、このように真剣に日記をつけ出しますと、そこに見え出してくるのは、自分の日々の生活が、いかに紋切り型のものに過ぎなかったか、またそのためには、いかに充実しない生活だったかということが分り出すのであります。すなわち日記をつけ出すということは、自分の一日の生活を反省して、そのありのままの姿を、文字によって刻むことだからであります。ですからそれと比べますと、これまでの日記ひとつ付《つ》けなかった生活というものが、いかに惰性的な紋切り型の生活だったかということが、分り出すのであります。ですからまた、日記をつけないでいますと、いつまでたっても、自分の生活について省みるということなくしてすむわけでありまして、文字通り酔生夢死《すいせいむし》の生活というわけであります。

　わたくしには、皆さん方のうち、どれだけの人が現在日記をつけていられるか、どうか存じませんが、ひとつ手を挙げてみて頂きましょうか。では、現在日記をつけている人は手を挙げてみて下さい。（すると十数名が挙手）ああそうですか。みんな若いからご無理もありませんが、ほんとうに充実した人生を生きようとする人は、今日からゼヒ日記をつけて下さい。（笑う者数名あり）

　わたくしが今、真に充実した人生を生きようと考えたら、「今日からでもよいから日記をつけて下さい」と申したら、笑った人がいますね。そういう人は「日記というものは、一月元日からつけ始めるものだ」と考えているのでしょう。もっともそう考えるのも無理はないでしょう。それというのも、一般に新しい日記の売り出されるのは歳の暮ですからね。しかし日記というものは、一月元日からつけ出すと、案外つづかぬ人が多いものですね。つまり最初は意気込んで書きはじめても、そのうちに次第に意気込みが消えてゆくからであります。

　ところが、先ほど来申すように、自分というものが、いつ死ぬか知れぬということが分り出し、そして一日一日のわが「生」の足跡を刻んでゆかねばならぬと気づき出したら、新年でなくても、それが何月何日であろうと、とにかくその日から日記をつけ出すことですね。もちろんそのころには、もう出来合いの日記は売っていませんから、大学ノートなり何なり、適当な帳面を見つけて、臨時に日記用として書き始めるがよいでしょう。なおその際大切なことは、歳末までの月日を、あらかじめ割り振って記入しておきますと、欠ける日を無くする上で大いに役立つのであります。

以上わたくしは、あなた方とのお別れに際して、意外なほど日記について、多くお話いたしましたが、それというのも、㈠われわれのこの人生が二度とくり返し得ないものだということと、㈡もう一つは、わたくしたちは、いつ死なねばならぬか分からぬという、以上人生に関する二つの根本真理が、心の中でガッチリと切り結ぶようになりますと、そこからしてわたくしたちは、はじめてこの「今日」という一日が、いかに大切かということが、分り出すのであります。そして、この二度とない人生を充実して生きるといっても、結局突きつめた最後は、この今日という一日をいかに充実して生きるか、という努力の他ないことが、しみじみと分ってくるのであります。実際いつ死なねばならぬか分らないわたくしたちの人生を、真に充実して生きるには、結局「今日」という一日を、真に充実して生きる他ないからであります。

先にわたくしは、「積小為大」（先生大きく板書される）という二宮尊徳のコトバについて申しましたが、富士山ほどの高山でも、結局は一粒一粒の積み重なったものでしょう。また皆さん方が、修学旅行のために遠方の地へ出かけるといっても、汽車なれば、もちろん車輪の回転の積み重ねの他ないわけでありましす。また、どんなに厚い書物でも、著者からみれば、一字一字ペンで書いてゆく他ないのでありまして、それ以外にいかなる便法もないのであります。

以上申したように、わたくしたちが、自分の人生を真に充実して生きようとしたら、結局「今日」の一日を、いかに充実して生きるかということが、最後の「秘訣」といってよいでしょう。それというのも、人間の一生といいましても、結局は一日一日の積み重ねの他ないからであります。したがって、もし今日わたくしが、当然すべきであり、かつやる気になればやれる仕事を、もししなかったとしたら、それは結局明日に延ばすことになりましょう。しかも人々の多くは、それを一向怪しまないのでありま す。ところが、一生といっても、結局は一日一日の積み重ねの他ないわけですから、その日の予定を翌日に延ばして平気でいるということは、そういう人の仕事は、結局あの世へ持ち越しとなるわけでありま す。すなわちその人の人生は真の完成にはならないのであります。随って一人の人生が、真に充実した一生になるかならないかは、その人が「今日」一日の仕事を、やり遂げるか否かによって分れるわけであります。そしてそれを他のコトバで申しますと、われわれの人生は、結局「今日」という一日の上に、その「縮図」が見られるわけであって、それが今日わたくしがテーマとして掲げた「一日は一生の縮図なり」ということになるわけであります。

では、この考え方の特徴はどこにあるかと申しますと、それは人間には自分の一生を、あらかじめハッキリと見通すことはできませんが、しかしそれがわたくしたちの一日の上に、その縮図が見られるとしますと、わたくしたちは「今日」一日の生き方のいかんによって、そこに自分の一生の見当がつくわけであり、したがって、自分が今日為すべき仕事を、翌日に延ばして平気でいるようなことでは、とうてい一生を充実して生きることはできないということが、分るわけであります。すなわちこうしたことが、だれにもハッキリ分かるという点に、この考え方の長所があるといってよいでしょう。それゆえ、縁あってお引き受けしたこの講話の最後を、このような「一日は一生の縮図なり」というテーマで締め括ることにしたのであります。

それにしても、時の流れは早いもので、わたくしが皆さん方へのこの講話について、校長先生からお話がありました際は、身のほどもわきまえずお引き受けはいたしましたが、はじめにも申したように、わたくし自身が「心の眼」の開かれましたのは、ひとえに先師有間香玄幽先生のお蔭でありまして、もしわたくしが先生にお目にかかっていなかったとしたら、わたくしは現在に至っても、おそらくは人生に対してあまり深く考えたりなどはせず、まったく「酔生夢死」の生活を送っていたことでしょう。それを思いますと、わたくしのような人間の話でも聞こうとせられる人のあるかぎり、わたくしは喜んでお引受け申すということが、今は亡き先師へのせめてもの報恩の一端になるかと考えたわけであります。

では皆さん!! 以上を以ってお訣れのコトバといたします。どうぞ命の限り、しっかり生きて下さい。この二度とない人生を!!

(先生感慨ぶかげに、最後のご挨拶をされ、一礼の後、まるでこれが拭き納めででもあるかのように、板書を念入りにお拭きになった。そしておもむろに壇を降りられるや、校長先生が代わって壇上に立たれて、ていねいに、過ぐる一年間のご講話に対する謝辞を述べて壇を下りられ、さらに生徒代表のA君が、全生徒の前に出て、先生に対して感慨ぶかい謝辞を述べることによって、この一年間の思い出深い講話も、ここに終わりを告げて、先生は校長先生と、しずかに退場されたが、生徒一同はその後姿を見送りながら、しばらくは、だれ一人ものを言う者もなく、静まり返っていた。）

本書は昭和四十八年八月二十日に社団法人 実践人の家から刊行された
『幻の講話』を新装したものです。

【著者略歴】

森 信三

明治29年9月23日、愛知県知多郡武豊町に端山家の三男として生誕。両親不縁にして、3歳の時、半田市岩滑町の森家に養子として入籍。半田小学校高等科を経て名古屋第一師範に入学。その後、小学校教師を経て、広島高等師範に入学。在学中、生涯の師・西晋一郎氏に出会う。後に京都大学哲学科に進学し、西田幾多郎先生の教えに学ぶ。大学院を経て、天王寺師範の専任教諭になり、師範本科生の修身科を担当。後に旧満州の建国大学教授として赴任。50歳で敗戦。九死に一生を得て翌年帰国。幾多の辛酸を経て、58歳で神戸大学教育学部教授に就任し、65歳まで務めた。70歳にしてかねて念願の『全集』25巻の出版刊行に着手。同時に神戸海星女子学院大学教授に迎えられる。77歳長男の急逝を機に、独居自炊の生活に入る。80歳にして『全一学』5部作の執筆に没頭。86歳の時脳血栓のため入院し、以後療養を続ける。89歳にして『続全集』8巻の完結。平成4年11月21日、97歳で逝去。「国民教育の師父」と謳われ、現在も多くの人々に感化を与え続けている（年齢は数え年）。著書に『修身教授録』『人生二度なし』『森信三一日一語』『森信三訓言集』『１０代のための人間学』『父親のための人間学』『家庭教育の心得２１』（いずれも致知出版社）など多数。


幻の講話
第二巻「自分を育てるものは自分」

平成二十九年十二月二十五日第一刷発行
令和三年十一月三十日第二刷発行

著者 森 信三
発行者 藤尾 秀昭
発行所 致知出版社
〒150-0001東京都渋谷区神宮前四の二十四の九
TEL（〇三）三七九六—二一一一
装幀 川上成夫
印刷・製本 中央精版印刷



ISBN978-4-8009-1166-7 C0095


ホームページ https://www.chichi.co.jp
Eメール books@chichi.co.jp

致知出版社の好評図書

# 理想の小学教師像

森信三 著

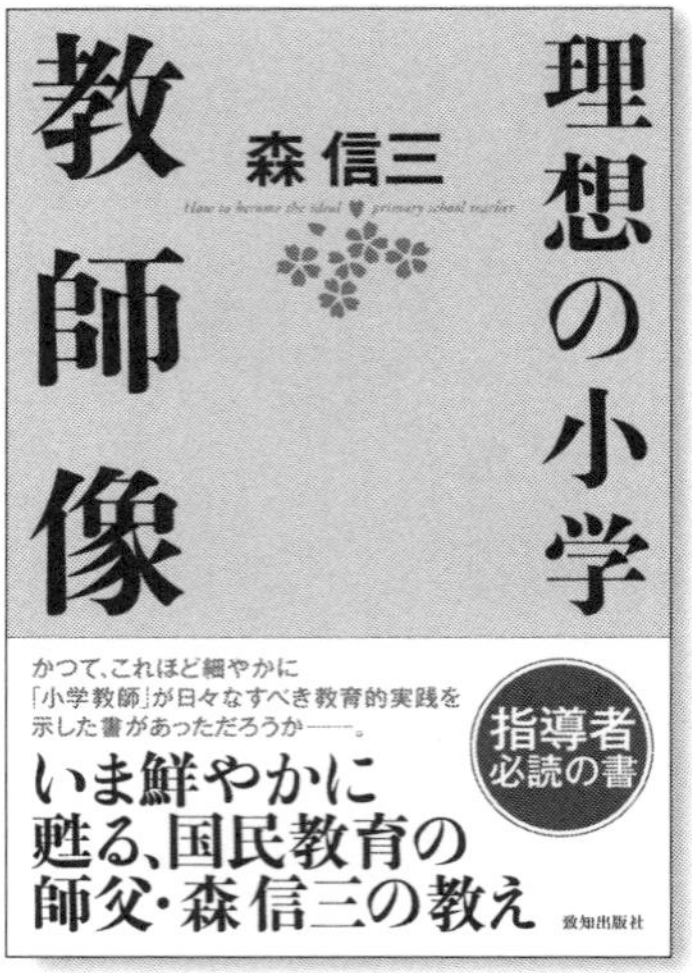


子を育てる者が日々なすべき教育的実践を
細やかに示した指導者必読の一冊。

●四六判上製　●定価＝2,530円（税込）